目次

日本と世界の課題
ウィズ・ポストコロナの地平を拓く

コロナ禍は長期戦を強いられている。コロナと当面、共存せざるを得ないが、
同時に、コロナ後を見据えて、柔軟で強固な社会・国家を構築していかねばならない。
ウィズ・ポストコロナの日本と世界の課題は何か。77名の専門家が語る。

ウィズ・ポストコロナを
考えるにあたって

楠木建

川島真

中西寛

待鳥聡史

ポスト「ポストコロナ」

楠木建
一橋大学大学院経営管理
研究科教授

　未来を正確に予測できる人はいない。これに対して歴史は確定した事実だ。近過去の歴史には未来についての多くのヒントがある。

　コロナ騒動が始まった当初、1918−19年の「スペイン風邪」のパンデミックについて書かれた本をいくつか当たってみた。中でも面白かったのがアルフレッド・クロスビー『史上最悪のインフルエンザ──忘れられたパンデミック』だ。あれほど世界中で大騒ぎになったにもかかわらず、なぜ人々はすぐにパンデミックをきれいさっぱり忘れてしまったのか──副題にあるように、この疑問が著者の執筆動機になっている。

　人間の脳は辛いことをいつまでも覚えてられないようにできているらしい。今でこそポストコロナについて人々は熱心に論じている。しかし、「喉元過ぎれば熱さ忘れる」で、収束して5年も経てば多くの人々がコロナ騒動をすっかり忘れてしまっているのではないか。

　コロナは確かに因習を破壊する面があった。リモートワークやオンラインでのミーティングはコロナ収束後も一定程度定着するのは間違いない。それでも、ポスト「ポストコロナ」を生きる2030年の人々は、リモートワークのきっかけが2020−21年のパンデミックにあったことなどはおそらく意識していないだろう。

　だからこそ、今回の大騒動で得た経験と教訓を俯瞰的な視点で書き残し、次世代へと伝えることが大切になる。

狭窄化した認識空間を再び解放できるか

川島真
東京大学大学院総合文化
研究科国際社会科学専攻
教授

　COVID-19の下で何が生じたのか。第1に、既存の現象が拡大したり、促進されたりし、また生じていながら認識されていなかったことが認識されるようになったということだ。中国とWHOとの密接な関係も、先進国が衛生問題に関わるグローバル・ガバナンスで十分な役割を果たせないことも、その例である。第2に、他方でCOVID-19からの「出口」が見えてくる中で、もはやCOVID-19以前へと「原状復帰」はないことも確かだろう。先進国の影響力の後退は顕著であり、中国は様々な批判を受けながらも、世界経済への影響力を強めた。アメリカも中国経済は無視できない。

　では、COVID-19からの「出口」が見え始めた世界はどうなるのか。恐らくは、様々な分野で、秩序の調整、変動が生じるものと思われる。そこで、世界各国、国際組織などは自らの課題を多元的に再設定し、複雑な活動を開始するだろう。その際重要なことは、広い視野、認識だ。先進国が途上国の視線を意識しながらグローバル・ガバナンスなどを再構築できるのか。できなければ、途上国から民主や自由の価値観は「尊敬」「尊重」されなくなるだろう。日本は、軍事安全保障の面だけで中国との競合をとらえず、経済社会、そして長期的な視野で戦略を策定できるのか。難しいのは、このCOVID-19の下で、日本も含め世界的にそれぞれの視野が狭窄化していることだ。人的交流は抑制され、インターネット空間では民族主義的な言説が強まっている。ウィズ・ポストCOVID-19に向け、まずは狭窄化した認識空間を意識的に解放し、広い視野で物事を考える。この点が肝要になると筆者は考える。

コロナ後の時代を決める3つの要素

中西寛
京都大学大学院法学研究
科教授

　新型コロナの世界的流行は間もなく2年を迎える。この間に人類は感染対策やワクチンの開発などによって対応を進めてきた。しかし変異株の発生や世界的なワクチン普及の遅れなどによって完全収束は見通せない。100年前の「スペインかぜ」がその後長く忘れられたのとは対照的に、今回の新型コロナは人類史に刻印を残すだろう。それは主に、冷戦後の世界観に終止符を打つという意味においてである。資本主義経済の世界化を通じて人類が物質的繁栄を獲得し、自由主義的な価値観に収れんするという楽観は新型コロナ流行前にすでに崩れつつあったが、新型コロナによって完全に終わりを告げたと言ってよい。つまり今回のパンデミックは1つの時代の弔鐘となった。

　コロナ後の時代は海図なき航海へと向かうことになるが、3つの要素が決定的となるだろう。第1は非経済的価値の重要性の増大である。安全保障であれ医療や分配であれ、人類は経済的繁栄が最終の目標ではなく、国家的、社会的価値もまた重要であることを再認識した。その認識変化が導く先が平和か対立かは分からないがこの変化は不可逆的であろう。第2に、地政学的変化としてのインド太平洋地域の重要性である。これは直接的には米中対立の反映でもあるが、それ以上に、15世紀以来の大西洋にあった世界の重心がインド太平洋に移行した事を示している。ヨーロッパ諸国が相次いでインド太平洋戦略を打ち出しているのはその表れだろう。第3に「人新世」という言葉に示される、人間、科学技術、環境の相関関係の変化である。人類は自らの自然改変能力を適切に律することが求められる時代になったのである。これら諸要素をいかに読み解くかがポストコロナの世界の課題だろう。

重視されるべき自由と多元性

待鳥聡史
京都大学大学院法学研究
科教授

　COVID-19感染症の流行は、現代世界の価値観を大きく揺るがせた。過去30年以上にわたって望ましいとされ、一貫して拡大基調にあった人々の自由で多様な活動や国際的な往来は、いずれも感染拡大の主因とされた。代わって、社会経済活動の抑制や厳格な出入国管理などによる自由への制約が、ときに強権の発動を伴いつつ短期間に導入された。これらの手段には、一定の有効性があったのだろう。

　しかし、強権的かつ集権的に自由を抑止することがパンデミック対応の正解だと判断するのは早計だ。むしろ長い目で見たときには、人々と社会が自由で多様性に富むこと、それに基づく多元的な過程により、試行錯誤しつつ政策決定を進めることの意味は大きい。

　そう考えるべき理由は、パンデミックが複雑な社会現象だからである。COVID-19は、感染者以外の極めて多くの人々に大きな影響を与えている。それへの対応は、医学的観点のみならず、社会や経済、個々人の心理などの複雑な要因とその相互作用を含めた観点からなされる必要がある。誰もが多様な立場から自由に議論できる社会、それを政策決定に反映できる政治体制は、このような複雑な現象への対応において明らかに優れている。

　日本はどうだろうか。経済の破綻は避けるべきだという議論は強いが、自由な社会と多元的な政策過程が持つ真価は、まだ十分に認識されていないのではないか。ポストCOVID-19において大切なのは、正解を短時間に導く能力ではなく、いかなる選択にも誤りの可能性があることを認識し、それに備える能力を高めることなのである。

2

感染症対策
——現場の対応、検証、教訓

平井伸治　　　　　林いづみ

仁坂吉伸　　　　　原聖吾

蒲島郁夫　　　　　早川真崇

石山志保　　　　　三神万里子

黒田成彦　　　　　櫛田健児

河田惠昭　　　　　高松平藏

新型コロナウイルスを凌駕する日を目指して

平井伸治
鳥取県知事

　新型コロナウイルスで、命も経済も暮らしも危険に晒された2年間。

　鳥取県は高齢県。医療資源は残念ながら大都市のように潤沢でない。だから武漢の悲劇への危機感から、本県では、国内感染初確認の翌日、県庁に相談窓口を設置し、月末には全庁対策本部を発足させた。僅か12床だった専門病床やPCR検査能力を飛躍的に増大させ、今では診察・検査医療機関も含め、人口当たり全国一レベル。徹底的に濃厚接触者に限らずPCR検査を即実行し、患者ケアに地域の全てを投入した。その結果、第5波終了時で、感染者数も死者数も全国最少を守り、検査陽性率全国最小は、感染抑制効果の証だ。

　感染を抑えれば経済・社会は動かせる。本県の自粛要請は、感染拡大した飲食店街2カ所で各々2週間のみだ。代わりにクラスター施設には、県独自条例で感染拡大防止措置を徹底した。知恵と地域の絆で新型コロナとの闘いに臨み、ワクチンと治療法確立まで感染の波を低く遅く抑え込めれば、県民の勝利だと訴え続けた。

　岸田政権となり、政府の対策は本県のような現場の戦略に近づいてきた。例えばオミクロン株陽性者の搭乗便全員を検査対象としたが、本県で関係者全てを躊躇なく検査対象とし、デルタ株のように急速に感染するウイルスでも囲い込んだ経験に合致する。感染拡大を迅速に封じ込めることで、医療逼迫を防止し、経済や社会への影響も最小限にとどめる道が開けるのだ。

　新型コロナとの闘いは再び越年。有効だった具体的な対策を忠実に実行することが重要だ。全国知事会では第5波を総括し各地の先進策をまとめた。現場の知恵は尊い。

　オミクロン株の感染力が強くとも、正しく対処し、今度こそ決着をつけるべきだ。

「感染防止」と「経済・生活の再生」

仁坂吉伸
和歌山県知事

　新型コロナウイルス対策の政策目標には、「感染防止」とコロナ禍で傷んだ「経済・生活の再生」がある。和歌山県は、「感染防止」には保健医療行政で、「経済・生活の再生」には、十分な行動や営業活動を保障、つまり、行動・営業をあまり阻害しないことを基本に、新型コロナウイルスの感染拡大を抑え込んできた。

　一方、政府や専門家は、第5波まで人流抑制の1点張り、つまり行動や営業の自粛だけで対応しようとしていた。人流を厳しく抑制すれば、感染防止はかなり達成できるかもしれないが、経済や生活は大きな打撃を受けることになる。「感染防止」と「経済・生活の再生」は、独立の目標であり、その2つの目標に対して、1つの政策手段だけで対応するのは難しく、それぞれに対応した政策手段が必要となる。これは、経済理論では常識だ。

　つまり、「感染防止」には保健医療行政で対応し、「経済・生活の再生」には、十分な行動や営業活動を保障することで対応することが必要となる。しかしながら、感染が急拡大し、危機的な状況になった時は、経済や生活は一時棚上げしても、人流抑制に頼るしかない場合もある。和歌山県でも昨年の4月中旬から6月初旬ぐらいまでは県民に行動自粛の要請をした。

第5波がほぼ収束し、第6波に備える段階となり、ようやく政府も、人流抑制1点張りの政策から保健医療行政の強化にも配慮した対応へと変わりつつあることは評価できる。今後も和歌山県は、保健医療行政による感染拡大防止の封じ込めのための基本ラインを放棄することなく、「感染防止」と「経済・生活の再生」を両立させていく。

熊本が担う「感染症に対する安全保障」の役割

熊本県で初めて新型コロナウイルスの感染者が確認されてから1年9カ月が経過。

コロナとの戦いで知事として感じたのは「予測が立てにくい」ことに対する難しさである。自然災害からの復旧・復興は、方向性が決まればそれに沿って迷わず進めることができる。ところが、新型コロナウイルスは変異を繰り返し、時に予測を上回りながら感染を拡げていくため、常に状況に応じた対策が求められる。

蒲島郁夫
熊本県知事

熊本県では「初動は迅速に、解除は慎重に」の考えのもと、先手先手で強い対策を実施してきた。また、ウィズコロナ社会構築の「切り札」となるワクチンも、全国より早いスピードで接種を進めてきた。その結果、第5波は当初の想定よりも早く収束に向かい、11月の県内感染者数は、1カ月でわずか5人に抑え込むことができた。

私は、今回のコロナ禍によって、日本の「感染症に対する安全保障」の脆弱性が露呈したと思う。中長期的な将来を考えるうえで、未だに国産ワクチンが無いことは、大きな懸念である。

現在、熊本県も出資するKMバイオロジクス社が、不活化ワクチンの開発に取り組んでいる。インフルエンザワクチンと同様の手法で製造され、安全性の高い不活化ワクチンは、12歳以下の子どもたちへの接種も期待される。これが実用化されれば、全国にとって、さらには世界にとって希望の光となる国産の不活化ワクチンを、熊本から安定供給できるようになる。

私は、2021年5月に、菅首相（当時）を訪問し、KMバイオロジクス社の不活化ワクチンの早期承認を要望した。県としても、できる限りの支援を行い、熊本が「感染症に対する安全保障」の役割を担いたいと考えている。

市行政への感染症の影響と
ずっと住み続けたいまちを目指して

石山志保
大野市長

　令和2年1月以降の大野市行政への感染症の影響を振り返ると、感染予防対策として保健・医療へ、多くの人的・財政的な自治体資産を長い期間投入する必要が生じてきたこと。また、人の移動・行動の抑制及び誘導策として新たな経済対策、社会活動維持のための施策を必要としてきたこと。さらに、ニューノーマル（新たな常態）に適応させるデジタル化や脱炭素といった対策が急速に進み出したことが挙げられる。

　福井県により先手を打った感染症対策が迅速に行われ、県独自のアラートのみで感染症が低い水準に抑えられてきたことで、ニューノーマルの中で社会経済活動を行うことができた。県の行政、医師会、看護協会が連携してPCR検査、医療、ワクチン接種の各体制が整えられたことが大きく貢献している。

　大野市は、不特定多数の者が参加するイベントや行事は中止する一方、感染症対策を徹底した上で専門家や市民が参加する検討会議を開催し、中長期的な計画づくりを行うことができた。

　令和3年度から始動した第6次総合計画に、全体に関連する横断的観点として、中部縦貫自動車道県内全線開通や北陸新幹線福井・敦賀開業など高速交通網の整備を見据えた取り組みに加え、SDGs、デジタル化、ニューノーマルなど新時代への対応を盛り込んだ。

　大野市は今後10年間に、人口減少と少子化、高齢化が進む非常に厳しい状況が見込まれる。コロナ禍以前から取り組んできた人口減少対策に加えて、感染症により新たに必要となった対策、さらには、デジタル化・脱炭素の視点、人口が減少した地域においても「助け合い、支え合い」の心を大切にして、「大野らしく」住み続けていくための取り組みを進めている。

重要性を増す医療現場と自治体の相互連携

　日本国内における感染状況の一定の落ち着きと、新たに懸念されるオミクロン株への対応も含め、改めて考えさせられたことが標題の医療現場と自治体との相互連携の重要性である。

黒田成彦
平戸市長

　医療体制を比較する際に「10万人当たりの医者の数」が指標となっているが、平戸市は県内でも低位であることに加え、医師の高齢化も指摘されてきた。こうした恵まれない条件下にあっても感染の広がりを食い止め、またワクチン接種が県内でもトップクラスのスピードで実現できたのは、まさに医療現場と行政の連携の緊密さにあった。

　一方、病院や医師の数が多くても風評被害を懸念して、専門病床を設置することに躊躇しがちだった傾向が各地で散見されたが、本市では民間病院、公立病院いずれも、県の要請を受けて専門病床が設置され、患者を受け入れることができた。

　またワクチン接種に際しても、受付時の混乱をさけるため5歳ごとの細かな年齢区分と時間差を踏まえた接種券配布やコールセンター業務の役割分担など、各医療機関において限られたワクチンを無駄にせず問題なく対応できた。

　さらに保育園や観光事業者、また密閉空間で数週間を沖合で過ごす船舶乗組員への接種については、長崎県や他県の自治体との連携を図り、労務環境に応じた柔軟な接種が実現できた。

　こうした体制構築が可能になったのは、偏に地元の医師や看護師の献身的な使命感とともに、数多くの協議の場に私を含む行政担当者を交えての意思の疎通が徹底されことが背景にある。医療資源が乏しくても、日頃の相互連携に基づく「顔の見える人間関係」が危機的状況に立ち向かえる大きな自信となったことを記しておきたい。

「相転移」した感染症拡大と2つの効果的対策

河田惠昭
関西大学特別任命教授・
社会安全研究センター長

　感染症拡大は、始まった瞬間から「相転移」を起こしている。すなわち、感染者がクラスター（ノード）を作り、そこから移動する感染者がリンクを張って新しいクラスターを形成する。ネットワーク構造を急速に拡大するわけである。一方、現代の社会経済構造は、21世紀に入ってコンピュータとソフトの高度化によって、各種のネットワーク形成という相転移を経験している。これら2つのネットワークという相転移によって、感染症拡大を制御することが大変困難になっている。ヨーロッパ中世のパンデミックでは、三密対策やロックダウンによって「ひと」「もの」の移動を抑える対策しかなかった。しかし、現代のネットワーク社会ではこれらに「データ」が加わり、強く抑制すれば、現代社会が崩壊してしまうだろう。

　そこで、対策を考えてみた。ヒントになるのは、わが国の感染率、死亡率の低さである。世界各国の1人当たりの名目GDPを取り上げると、わが国より経済的に豊かな国々も貧しい国々も、いずれも感染率、死亡率とも大きいことがわかる。わが国は、文化的防災力と文明的防災力が大きいのである。前者は、清潔文化をさらに豊かにすることである。言い換えれば、"…した方がよい（Best effort）"対策で、たとえば塩素殺菌した水道水、住宅内では履物を脱ぐとか全員マスクをして外出するなど、わが国の特質であろう。一方、文明的防災力とは、"…しなければならない（Best solution）"対策で、たとえばワクチンの開発・接種とか医療・治療能力向上などという科学的に推進できる対策である。わが国は、ワクチン開発ができなかったけれど接種率は遅ればせながら世界でトップ級である。

参照論文：「社会安全学研究」
https://www.kansai-u.ac.jp/Fc_ss/center/study/pdf/bulletin011_11.pdf

必要なのは（中医協改革＋国・地方の行政改革）×DX

林いづみ
桜坂法律事務所弁護士

　私は、2020年6月の本コラムで「PHR（Personal Health Record）など個人情報の一元的デジタル管理ができていないことが、足元の感染拡大の抑止や、生活・経済の止血対策の、迅速な実行を阻んでいる。」「ニュー・ノーマルに向けた国際競争の中、これからの1年は、DX加速の規制改革や制度整備を一気に進めるべき重大局面だ。」と書いたが（注1）、全く進まない日本の現状に悲憤慷慨している。

　世界一の病床大国である我が国は、感染者数、死亡者数も諸外国と比べて桁違いに少ない。それにもかかわらず医療逼迫が叫ばれ、人流制限のために自殺者増を招くほどの社会・経済活動の制限に国民が従った。それにもかかわらず、なぜ、第5波では入院できずに自宅で亡くなるコロナ患者が続出する事態となったのか。なぜ、政府は、新型インフルエンザ等対策特別措置法（特措法）のもとで詳細な行動計画を策定し、各都道府県も行動計画を策定していたのに、多くの基礎自治体は地域内の公立・民間の各医療機関と連携・協力関係を持てなかったのか。なぜ、大病院にコロナ患者を集中的に受け入れさせ、大病院のコロナ以外の入院患者を中小病院に転院させるといった「病院の機能分化と連携・協力」ができなかったのか。

病院の機能分化と連携・協力のためには病床コントロールの導入が必要だが日本医師会が断固反対しているため、厚労省は従来から診療報酬の値上げという手段を使ってきた。今回の非常時においても、厚生労働大臣は、国立病院や政府対策分科会の尾身茂会長が理事長を務める地域医療機能推進機構の病院群に対して、法律（国立病院機構法21条、地域医療機能推進機構法21条（緊急の必要がある場合の厚生労働大臣の要求））に基づき病床数を増やす要求（命令）ができるのに命令せず（これら病院のコロナ病床は5%）、一方、中医協は新型コロナ以降、診療報酬を5回も値上げした。こうした陰で自宅待機中に亡くなっていった犠牲者の無念を忘れることなく、今後は、利益誘導ではなくDXをツールとして、中医協改革と国・地方行政改革を進めることが必要だ。

注1　林いづみ（2020）「日本人の「共感力」を原動力に周回遅れのDXを挽回するのは今だ」NIRAポストCOVID-19の日本と世界
推薦図書：鈴木亘（2021）『医療崩壊　真犯人は誰だ』講談社現代新書

DXを通じた医療提供体制の変革に向けて

新型コロナウイルスの蔓延により、受診控えや医療現場の逼迫など日本の医療提供定体制の脆弱性が明らかになるとともに、医療現場におけるDXが進んでいないことも露呈した。医療現場におけるDXといっても、仕事の効率化に資するものから、治療サポートに資するものまで多様であり、その中でも「オンライン診療」の存在は特に注目されたツールの1つではなかろうか。

2020年4月に新型コロナウイルスの蔓延によりオンライン診療に係る規制について時限的・特例的な措置が実施され、医療機関への導入は進んだものの、普及までに至っていない。現在政府では、オンライン診療を適切に実施するための指針や医療現場で利活用が進むために重要な要素である診療報酬の議論が進められており、この議論が今後のオンライン診療の普及に大きな影響を与えることは間違いない。既にイギリスなどのGP（かかりつけ医）制度のある国においては、GPの負担低減のためにオンライン診療の積極的な利用が進められているが、これまでの議論や実態を鑑みても、患者の利便性や安心安全を確保するため、日本においてもかかりつけ医を中心にオンライン診療の普及は進んでいくに違いない。

原聖吾
株式会社MICIN代表取締役CEO

今後さらにオンライン診療を含む医療分野におけるDXを進めていくには、イギリスのような国策も必要であるが、医療提供体制にこれらをどう組み込むか、具体的には、現在見直しの議論がされている医療計画にオンライン診療をどう位置付けていくかが重要な要素になる。

奇しくも新型コロナウイルス蔓延により医療DXの重要性に私たちは気づかされた。これまでの教訓を活かすためにも、DXを通じた医療提供体制の変革を期待したい。

コロナ禍をリスクと共存する社会を志向する契機に

早川真崇
渥美坂井法律事務所・外
国法共同事業弁護士

　新型コロナウイルス感染拡大は、人の経済活動を支える行動様式に不可逆的な変化を与えている。すなわち、感染防止のためリモートワークやソーシャルディスタンスが推奨されるなど、人同士の物理的な接触を可能な限り回避する、新しい生活様式（ニューノーマル）が定着しつつある。緊急事態宣言が解除されても、目に見えないウイルスに感染するリスクに身をさらしながら日常生活を送らなければならないという状態は当面続くと見られる。この状況下では、個々が「リスクマネジメント」として新型コロナウイルスと向き合う意識で対応することが肝要である。自分は感染しないという「楽観バイアス」により感染対策を怠ることは、感染リスクの過小評価に基づく行動である。リスクマネジメントの観点からは、同じ感染予防の行動であっても、人の目や批判を恐れ、他人と同様の感染予防を行うという「同調圧力」による受動的な行動よりも、自己の置かれた状況を踏まえ、感染リスクを客観的に評価し、そのリスクを管理するための主体的な行動の方が望ましいと思われる。

　リスクマネジメントの要諦は、信頼できる正確な情報を収集し、これをもとに、リスクの発現する可能性とリスクの程度を正確に評価し（リスクアセスメント）、これに対する最適な対応策を分析し、実行に移すことにある。これには、直面する状況に対し、弾力的に対応できる力、すなわちレジリエンス（Resilience）が求められる。このようなリスクマネジメントの要諦は、どのような種類のリスクにも当てはまるものである。新型コロナウイルスの感染リスクに対して、レジリエンスを高め、リスクマネジメントを実践する機会と捉えることが、今後、自然災害や人災を含め、さまざまなリスクと共存できる社会を志向することにとって肝要であろう。

リスク管理の多面化・多層化へ

　グローバル感染症は以前より予想されていたが、多様な技術開発半ばで今回の事態は起きた。まず、地域単位で実証実験中のMaaS（交通情報クラウド）は、今は観光や移動時間短縮に注力されているが、テロや感染症、災害など危険エリアを避けながら活動を継続できるよう動線誘導するのが本来のゴールだ。そのための端末の普及や使いやすいハードやアプリ開発に投資は続くだろう。

三神万里子
ジャーナリスト

　今後不況に直面する企業は物件賃料から見直し、セキュリティー確保の上でリモート勤務を推進、業務フローも見直し、遠隔操作・監視・自動化、データ転送が進む。サプライチェーンの国内回帰も起こるため、働ける場所は地方都市に分散する。リモート限定求人も現れ、すでに地方の戸建て需要も増加中である。これにより人々は、従来の時間拘束による勤怠管理ではなく、職務制によって業務品質を自己管理する世界になる。健康管理も人事制度に組み込まれるため、いずれは流行する感染症ごとに、年齢や性別、既往症による重篤化リスクが端末でシェアされ、地域別の病院キャパシティーから高リスク者のみ行動自粛をするなど、緻密で分散した管理になるだろう。急な繁忙に襲われる企業と、売り上げが激減する企業間の雇用をシェアするため、隣接業界間での協定や人材紹介業による異分野マッチングが進む。個人のスキルは長期的に複線化するため、働き方は年齢を問わずフリーランスに近づく。

　企業の緊急・大規模な現金需要は、パンデミック保険が米国で開発されたところであり、地方に古くからある現金プールと相互融通の仕組み「講」や「模合」を高度化したプラットフォームも発展するだろう。兆しとして、キャッシュフローデータを根拠とする即時融資や寄付型以外にも、多様化するクラウドファンディング、地域金融機関の全国連携などが挙げられる。

シリコンバレーから見る「パンデミック鎖国日本」と長期コストと「情報の鎖国」の危険性

櫛田健児
スタンフォード大学アジア太平洋研究所リサーチスカラー

パンデミックになってから日本の水際対策は、基本的に「鎖国」の方向が世論の支持を受け、政治的な麻薬になりかねない。まず、パンデミックで日本の新型コロナによる死者数は先進国の中でもかなり低い方になっているのは評価すべき点である。しかし、これはパンデミックに入ってから行われている、開始からほとんど進化していない今の形の水際対策のおかげとは限らない。到着後、空港で7時間も書類検査の時間に費やすこともあるが、デジタル化が全く進んでおらず、すでにデジタル入力した情報を何度も何度も紙に書き、結局待機する場所や隔離施設までのバスの動線は感染しやすい状況となっている。

何よりも外国人の入国を基本的に遮断する科学的な根拠が分からず、日本版ポピュリズムに見える。同じ検査と隔離義務やモニタリング義務を課していれば、感染確率は変わらないはずである。外国人というカテゴリーが心配だったらもっと長く、厳密な検査とモニタリングを課し、必要だったらホテル待機は自腹で払ってもらうことも検討すべきだろう。

なぜなら、一言で外国人と言っても、日本企業と多国籍企業のトップや重役、日本の高齢化社会にとって重要となる技術やサービスを展開するスタートアップ、そして世界中の科学分野の共同研究者や、日本の様々な側面を海外に発信する分野の研究者や、将来日本を好きになって何らかの形でキャリアに日本との関わりを組み込む大学の留学生も含まれるからである。これらの外国人は今後、人口も減り、相対的に経済力が低下する日本にとって強い味方になってくれる人たちで、大衆が心配している「出稼ぎ労働者」タイプの外国人に比べ、自費滞在の隔離や厳しいモニタリングを行ってでも喜んで日本に来たい人たちである。これらの人を拒むことは、日本の将来に大きなダメージを与える。

しかも、人の流れが限定的なので、シリコンバレーから見ると、周囲の情報が分からず、何が重要な情報なのかが理解されないまま日本に伝わっていないか、心配である。小さな例で言うと、テスラがテキサスに本社移転したというニュースは「脱・シリコンバレーの流れ」というストーリーで語られるが、実は今までのシリコンバレーの本社のオフィスは残すだけではなく、すぐ近くに倍以上の大きさの新しいオフィスを増築し、カリフォルニアの製造能力も50％以上増やすのである。これは「本社移転」という言葉では想像されない実態であり、周辺状況が分からないと、色々な分野のディスラプションの波が、鎖国された日本に黒船のごとくやってくることをこの上なく危惧している。

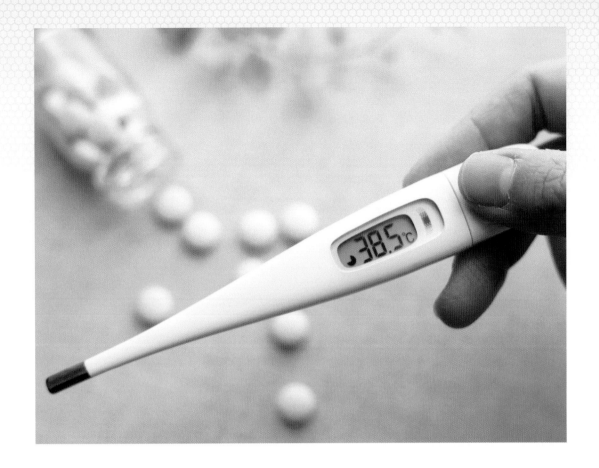

対策に見る国ごとの性質、検証すべきだ
──例として日独比較

高松平藏
ドイツ在住ジャーナリスト

　新型コロナ感染への対応は人類にとっての実験のような側面があり、各国の性質が現れる。ドイツは権力による「空間制御型」で「信頼性向上指向」。日本は「お願い型」で「安心・安全への希求」。ある時期を比べるとそんな違いが見いだせる。

　人が飲食店など特定の場所に入る時、いくつかの条件が課せられるのがドイツだ。マスク着用義務、予防接種証明書、陰性証明書（テストも含め無料。政府負担）の提示、氏名・連絡先の記録を課すこともある。いわば特定の空間に入る前に一種のフィルターをかけることで感染リスクを下げ、空間の信頼性を高めるやり方といえる。それに呼応するのが統計。報道で前面に提示されるのが10万人あたりの新規感染者数で、都市ごとに示される。割合が低いほど都市の信頼性が高いといえるわけだ。

　それに対して日本は「不要不急」の定義も曖昧で、マスク着用もお願いベースだ。陰性証明書を作るにも費用がかかり、敷居が高い。小売店では体温計が設置されたが、熱がない＝感染していないとはいえないのではないか？政府がめざすところは「安心・安全」だが、良心的にみれば人々の自主的な「正しい行動」を期待したやり方だ。報道で前面に出されるのは新規感染者数の実数だが、これでは例えば感染者数100人といっても、3万人と100万人の自治体では全く意味が違ってくる。新規感染者数「ゼロ」こそが「安全・安心」なので、それを目指すことが強調されているということだろうか。

　どちらの方針が正しいか誤りかを結論付けるのは難しい。しかし両国の対応策を比べるだけでも、「国」の基本的な考え方の違いが反映されている。こういったことも、後世のために検証しておくべきことだろう。

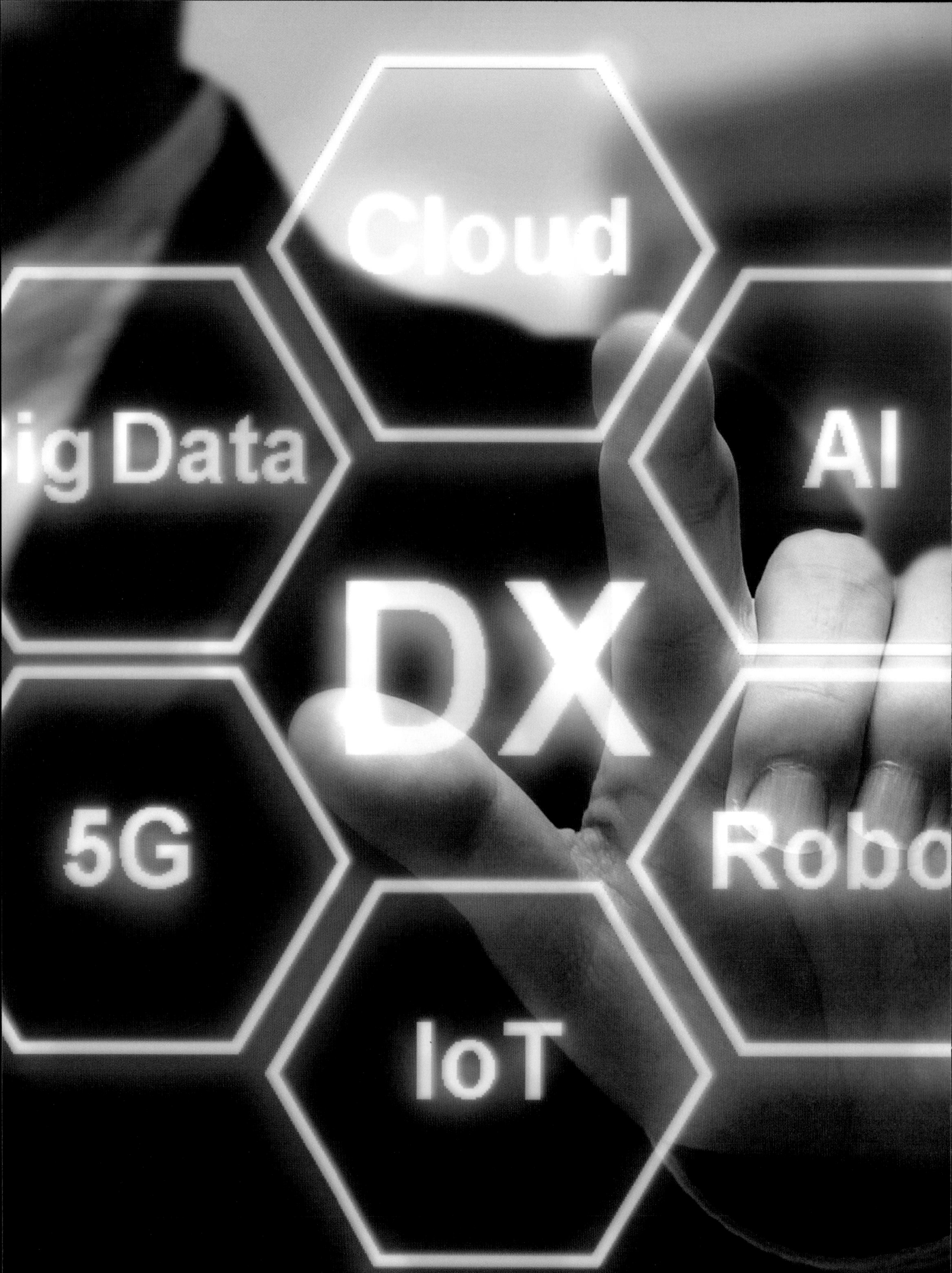
Cloud
ig Data
AI
DX
5G
Robo
IoT

Chapter

3

加速するデジタルトランス
フォーメーション（DX）

犬童周作

眞野浩

竹村彰通

松原仁

辻井潤一

佐々木隆仁

山本英生

浅川博人

田中秀和

「誰一人取り残されない、人に優しいデジタル社会」の構築

犬童周作
デジタル庁審議官（デジタル社会共通機能グループ次長）

　COVID-19は従来の考え方を見直し、長年の課題を解決に向かわせる契機となった。社会全体でのリモートワークの奨励は働き方を見直す契機となり、東京一極集中にも変化の兆しが生じた。

　特別定額給付金の支給における窓口の混乱は行政のデジタル化の遅れを露呈。マイナンバー（MN）カードが普及し、行政データや預貯金口座の紐付けができていれば、プッシュ型（申請も不要）で給付金を支給できただろう。

　こうした中、社会のデジタル化（DX）の機運が高まり、その司令塔としてデジタル庁が設置された。

　デジタル庁は行政のデータ連携のみならず、民間とのデータ連携も視野に社会全体のアーキテクチャーを描きつつ、国・地方のシステム再整備やデータ標準化、MNカード等の認証機能の整備等を行い、官民全体のデータ連携基盤を構築していく。また、従来の規制や制度もDXの観点から横断的に見直す。

　このような環境整備を通じ、官民が協働してデータを活用した先端的なサービスを提供し、プッシュ型の行政手続、データを活用したヘルスケアや教育、災害時の迅速な支援、自動・ドローン配送、スマート農業、地域が抱える課題解決など、あらゆる分野で、誰もがデジタルによる豊かさ、生きがいを実感できる社会を目指す。

　このような社会の実現には、誰もがデジタルの恩恵を享受できるようにすることが大切であり、高齢者、障害者、子ども等へのデジタル支援をはじめ、国、自治体等にはUI/UX（ユーザーインターフェース／ユーザーエクスペリエンス）・アクセシビリティを意識したサービスデザイン体制の整備も求められている。

　ポストCOVID-19時代に向け、「誰一人取り残されない、人に優しいデジタル社会」を一気に構築していくチャンスである。

データ経済によるCOVID-19からの復興

眞野浩
EverySense,Inc C.E.O.／
一般社団法人データ流通
推進協議会事務局長

　COVID-19禍において、感染防止のためにテレワーク、遠隔診療、遠隔授業、オンライン行政手続きなどICT活用が進んだ。また、各種給付金の支給におけるマイナンバーの活用、SNSによる調査、接触情報の共有なども行われ、DXの価値があらゆる面で顕在化した。今後は、レガシーの典型であった行政機関の検討会さえもWEB会議が主流の時代となるだろう。

　しかしながら、現場では給付金の申し込みサイトがダウンし、手書き作業によるデータ転送のため集計に誤りが生じるなど、多くの課題も浮き彫りになった。これは、いままでの日本の"IDなき社会"と、屋上屋を重ねてきた各種法制・制度の限界に起因すると言える。

　このような中、従来のサービスや有形財の資産価値に毀損が発生しており、新しい経済資産と経済モデルの創出が大きく期待される。そこで、DXとデータ共有の重要性は、疑義なく多くの人が認めている今、データそのものを経

済復興に向けた財と捉える機会であろう。

　データを企業や機関が内部留保している資産と捉えたとき、データ共有のための、中立・公平な仲介機能をもつデータ取引市場を社会基盤として整備すれば、市場原理によりデータの価値は、第三者による合理的な評価が可能となる。つまり、従来は無形財であったデータが財として評価され、データ自身がProductとなりGDPを構成する要素となる。そこで、データ共有の先にデータ主導経済の創出までを見据えた取り組みが、経済復興の起爆剤となることを期待している。折しも、世界的にはデータ取引の国際標準化活動としてIEEE P3800（注1）や、欧州のGAIA-X, IDSAの活動が注目されている。これに対し、わが国においても2021年6月に閣議決定された包括的データ戦略（注2）において、分野を超えたデータ連携基盤としてDSAが取り組むDATA-EXへの期待が示された。また、デジタル庁の発足によりデータ活用への取り組みがより推進されることが期待される。

注1　Standard for a data-trading system: overview, terminology and reference model.
　　　https://standards.ieee.org/ieee/3800/10298/
注2　「包括的データ戦略」
　　　https://www.kantei.go.jp/jp/singi/it2/kettei/pdf/20210618/siryou3.pdf

新型コロナとの共存、データ分析能力が不可欠

竹村彰通
滋賀大学データサイエンス学部長

　第1波は一応コントロールされて、緊急事態宣言の解除となった。その間、西浦博北海道大学教授（現京都大学教授）らによる感染症の数理モデルに基づく計算により、全国一律に8割の外出自粛が求められ、それにより新規の感染者が減少したことから、数理モデルの大筋での正しさと有効性が示されたと考えられる。同時に全国一律の8割外出自粛の社会経済的な損失は非常に大きかった。東京のような大都会と人口密度の低い地方を比べると、地方では通常の生活でも東京の8割外出自粛と同様の接触頻度のところもある。「みんなで一斉に8割減」はわかりやすいメッセージであったものの、地方の実態にあわなかった面もある。大都会への極端な人口と機能の集中の脆弱性も明らかになった。

　新型コロナは感染しても無症状の者もいることから、完全にゼロにすることは難しく、「ポストコロナの世界」は新型コロナと共存する世界になるであろう。新型コロナと共存する世界で、感染リスクと経済社会活動のバランスをとった綱渡りの生活を送るために必要なものが、接触頻度や感染経路等に関する詳細かつリアルタイムなデジタルデータの活用である。電話による聞き取りでの感染経路調査、その結果の手入力によるデータ収集の遅れなど、現状の日本のデータ処理と分析の稚拙さは目を覆うばかりである。自治体を含め危機管理担当組織のデータ分析能力の高度化と人材育成が急務である。われわれは数理・データサイエンスを最大限に活かして新型コロナと共存していかなければならない。

「三密」を維持するための情報処理技術

松原仁
東京大学大学院情報理工
学系研究科教授

　よく言われているように、今回のCOVID-19がなんとか収まったとしてもCOVID-19の流行以前の社会に戻ることはない。新しい感染症がこれからも繰り返しやってくるので、密閉、密集、密接のいわゆる「三密」を避ける必要がずっと続くことになる。一方でわれわれ人間は「三密」を好む。仲間と「三密」状態になると楽しい。それは長い進化の過程で獲得した傾向だと思われる。「三密」になることで集団の結束を高めてきたのだろう。「三密」を志向することによって多くの種が滅亡する中で人間は生き残ってきたのである。その傾向はちょっとやそっとのことではなくすことはできない。緊急事態宣言が解除されると、途端に多くの人間が「三密」行動に励んでしまう。あるいは緊急事態宣言が長く続くと「三密」に走りたくなる。そしてある確率で感染してしまう。大げさに言えば感染症の流行によって「三密」を好む人間は滅亡の危機を迎えているのである。

　われわれは先祖の時代とは異なり、遠隔でつながることができるようになっている。人間が「三密」を好むことを前提として、密閉、密集、密接の状態を遠隔で楽しめるようにしていくことが期待される。例をあげれば、コロナ禍で盛んになったオンライン飲み会を現実の飲み会に近づけていくということである。オンライン飲み会は多くの人間にとって現実の飲み会ほどの楽しさを得られない。人工知能、バーチャルリアリティー、ユーザーインターフェース、シミュレーションなどの情報処理技術を使うことによって遠隔の「三密」の楽しさを高めることができる。そうして人間は新たな「三密」を楽しみつつ感染症流行を乗り越えて生き残っていけると信じている。

フィジカル空間とサイバー空間の逆転

COVID-19による社会変化は、フィジカル（物理）空間とサイバー（情報空間）の逆転によって引き起こされる。この逆転現象は、インターネットでの情報収集、SNSによる情報発信など、ここ20年間に急速に進行してきた。COVID-19は、この逆転をさらに加速する。10年間で起こる変化が、1年、数カ月で進行している。

情報処理技術の関係者も、実の空間としてフィジカル空間、それを補助する虚の空間としてサイバー空間を考えていた。今回のCOVID-19は、この関係を逆転させ、人の営みの多くがサイバー空間に移動し、フィジカルな空間は補助的なものになる。

会議や交渉、ショッピング、娯楽という営みの大きな部分がサイバー空間に移行している。日常業務や会議のための移動がなくなるメリットを多くの人が感じている。メリット

辻井潤一
国立研究開発法人産業技
術総合研究所人工知能研
究センター長

は、移動コストだけではない。例えば、TV会議は、周りの空気を読んだ議論、アフター－5の飲み会での合意形成という日本的なものがはぎとられ、より合理的な議論ができるという人も多い。

サイバー空間が人の営みの主な空間となる意味は、大きい。サイバー空間でのショッピングや情報収集を基盤とした巨大企業が、世界経済を席巻しているが、この大変革がより幅の広い分野で起こる。人の営みの大部分がサイバー空間に蓄積され、それを活用する人工知能技術、ビジネスが生まれる。

この変化は長期的には人間社会にとって良いものであろう。ただ、短期的な社会混乱は避けがたい。特に、サイバー空間の虚の空間としての本質は変わらない。意図的な加工や妨害は、サイバー空間では極めて容易である。真理や事実から乖離した架空の情報空間が、簡単に構築できる。サイバー空間に移行した社会の脆弱性が、大きな課題となろう。

新型コロナウイルスで進む法務のDX

佐々木隆仁
リーガルテック株式会社
代表取締役社長

　新型コロナウイルスにより、ワークライフバランスが大きく変化しました。会食文化が減り、家庭での支出規模が増え、消費のトレンドも変化し、テレワークが一気に普及し、経済活動も家庭で行われるようになりました。在宅勤務やオンライン授業など、ホームコノミー（Home + economy）の共通点は、居住空間です。コロナ危機は、住居空間であった家を生産、消費が行われる社会経済空間へと変貌させました。ポストコロナ時代に到来する不可逆な変化のため、建築、物流、交通をどうするかという専門家Web会議が世界中で開催されています。専門家は、ポストコロナ時代、最大の変化がある空間に「家」を挙げています。

　新型コロナウイルスの影響で運輸、卸小売、飲食、宿泊、文化事業は対面業種を中心に大打撃を受けたのに対し、情報通信産業は好調に推移しています。デジタル技術を活用したサービスの拡大が注目されており、外部から利用できるクラウドサービスは、第5世代移動通信（5G）などの先端技術により、需要が更に高まることが予想されています。一番遅れているのは、法務部門のデジタル化だということが再認識され始めています。テレワーク中にハンコを押すためにわざわざ出社しないといけない社員が続出するなど、法務のDX化の遅れが大きな課題として注目されました。時間は、かなりかかりますが、裁判手続きのIT化も政府主導で少しずつ進んでいます。ピンチをチャンスに変えるためには、企業で最も遅れている法務部門のデジタル化に真剣に取り組むことが必要です。法務のデジタル化が進むことで、全体の業務効率の改善が期待できます。法務のDXがアフターコロナの時代に生き残るキーワードになるかもしれません。

デジタルトランスフォーメーションの指針は「共感」へ

山本英生
株式会社NTTデータ金融
事業推進部デジタル戦略
推進部長

　COVID-19により、日本のデジタルトランスフォーメーション（DX）促進に一定のはずみがついた。これから一層のDXが進むためには、「顧客経験：カスタマーエクスペリエンス（CX）」と「従業員経験：エンプロイーエクスペリエンス（EX）」がキーになると考える。企業活動の中心がリアルからデジタルにシフトし、また、顧客との接点が従来からの対面でのアプローチからデジタルに置き換わる中で、デジタルの特性を活かしたCXを構築できるかがポイントになろう。併せて、EXの視点も重要になる。生産人口の減少は必ず起きる未来である。したがって、従業員の犠牲のもとになりたつCXというのはサステナブルではない。CXとEXを高いレベルで両立させることが企業活動の要点となるだろう。

　以上をまとめると、DXを加速させるためにCXとEXの両立を意識していくことが当面のアプローチとなる。ただ、遠くない将来においては、CXとEXのみで差別化をはかることは早晩困難になるであろう。CXやEXでの取り組みについてはどうしても似たようなアプローチになりがちであり、真に顧客や従業員に選ばれる企業＝持続可能な企業になるためには、CXとEXを前提にしつつも、企業の存在意義や活動そのものについての「共感」が必須となってくると考える。企業の存在意義や理念また商品・サービスに対しての顧客と従業員からの「共感」があって初めて、持続可能な企業につながる。DXは、こうした文脈のなかで「共感」を形にしていくことが求められる。

デジタル技術という「社会の神経系」の発達を 支える金融の使命

浅川博人
三井住友トラスト基礎研
究所上席主任研究員

　コロナショックを通じ、私たちはさまざまなデジタル技術の恩恵を受けた。例えば、パンデミック発生からわずか1年ほどで実用化されたmRNAワクチンは、ウイルスの遺伝情報の迅速な解析のたまものである。デジタル化された世界各地の感染状況のデータは、感染防止対策を講じるうえで欠かせない基礎情報となっている。感染防止対策の1つであるテレワークは、手軽に利用できるリモート会議システムにより実現した。

　世界各地で収集された情報をもとに解決に役立つアクションの指示を出す、そのための意思決定や判断を行うのは私たち人間だが、それを支えているのは世界各地の情報を瞬時に把握・集計するデジタル技術である。社会全体を人体になぞらえれば、データの流通や解析を担うデジタル技術は、神経系のように情報を知覚したり伝達したりする機能を果たしている。この機能は、パンデミックへの対応にとどまらず、私たちがまだ予期していない新たな危機への対応や、さまざまな社会課題の解決に欠かせないものとなるだろう。

　こうした「社会の神経系」の発達に向けて必要とされるものの1つが、デジタル分野に対するリスク資本の十分な供給である。金融業界は、新たな技術開発やビジネスモデルに挑戦する人々を十分支えているだろうか。さまざまな分野で予想されるデジタル化に伴う膨大なインフラ投資の需要に応えることができるだろうか。

　世界中の人々がデジタル技術の恩恵を当事者として体感したいま、その実装は急速に進められるだろう。リスク資本の不足がその妨げとなることがないように、金融業界には社会のデジタル化の可能性とリスクを見極め、その実装を先導する役割が期待されている。

コロナがデジタルアドプションを推し進めたのか？

COVID-19の流行は様々な形でアフリカの生活に変化をもたらしている。COVID-19の流行直後はインターネットへの接続率・普及率を高めるべく、インフラの整備や価格の調整が必要となった。アフリカの国々が何カ月ものロックダウン中に推し進めたのは、インターネットを活用したサービスの利用。そのこともあり、モバイルマネーをはじめとし、e-コマースやe-Governmentで提供されるサービスは、これまで以上に普及・充実した印象を受ける。さらには、今までも必要であることが目に見えていた、遠隔医療関連のサービスの台頭や他の産業への波及も見られた。

ルワンダでの数週間の滞在で、スマートフォンの所有率が高まった印象が得られた。1つは個々人の生活や行動が制限されていたことで、これまでのお金の使い方が変わってきたからではないだろうか。その背景にインターネットの利用場所の変化があるように見える。これまで職場や外出先のカフェなど「外」でのインターネットの活用が、それらの場所を活用できないことで、「仕事用」のものから、家でも活用できる「生活の一部」へと変貌したことも、人々がデジタルデバイスを所有する動きを強めてきたように見える。これにより先に挙げたようなサービスの充実化につながっている。しかし、提供されるインターネットの質は引き続き課題となっている。

今後、インターネットの質が改善されることで、生活の一部としての役割は強くなるだろう。同時に、ロックダウンなどが解除され、オフラインでの活動も堪能する生活スタイルに戻ったことで、今後はオフラインとオンラインのハイブリッド化を通した新たな流れも見ることができるだろう。

田中秀和
レックスパート・コミュニケーションズ株式会社代表取締役

Chapter

4

岐路にある社会保障

駒村康平

今井貴子

大場茂明

菅沼隆

稲村和美

小黒一正

石黒不二代

セーフティーネットの再構築と
エッセンシャルワーカーの処遇改善

新型コロナは、パンデミックと大規模な景気後退への対応という、公衆衛生と経済対策の同時遂行という点で従来の不況対策と異なる。特に低所得者・不安定就労者、高齢者・子ども・障害者など脆弱な人々がまず深刻な影響を受けている。新型コロナは20世紀半ばに福祉国家が定着して以降、初めて経験する大規模な景気後退で、日本の社会保障制度の欠点を露呈させた。経済活動の停滞により雇用の場を失った人々への所得保障の問題である。

不景気における所得保障制度は、まず雇用保険、次に最後のセーフティーネットとして生活保護が最低生活を保障することになっている。しかし、アルバイト、パートそして自営業者などでは雇用保険にカバーされていないため、いきなり生活保護しか選択肢がない。これまで生活保護を「他人事」と思っていた多くの人にとって、加えて乗用車などの利用が制限される生活保護への抵抗感は強く、セーフティーネットとして十分に機能していない。

今回のようなパンデミックのみならず自然災害などによる急激かつ大規模な景気後退は今後も繰り返される可能性がある。地球温暖化のなかで、これまで100年に1回と言われてきた大規模の伝染病や災害が頻発する可能性があることを考えると、アルバイト・パートのみならず自営業者も含めて雇用保険の対象にする必要がある。またこういう非常事態の時ほど、本来は生活保護の出番である。人々の生活保護制度への理解を広げる必要もある。このほか、医療関係者、介護・保育・障害者施設などで働く「社会保障部門のエッセンシャルワーカー」の重要性が再確認された。こうした分野の労働者への賃金等の労働条件の引き上げは当然である。

駒村康平
慶應義塾大学経済研究所
ファイナンシャル・ジェロ
ントロジー研究センター長

リスクの個人化を超えて

COVID-19の感染拡大が雇用不安や窮乏を広げている。所持金が底をつき住居を喪失して、生存の危機にさらされる人が急増するなか、暮らしと雇用を守る支援を一刻も早く届ける必要がある。その際、まず封印されなければならないのは自己責任論である。「困窮したのは日頃の備えや努力が足りなかったから」。「あきらめずに頑張ればなんとかなる」。これまで幾度となく繰り返されてきたこのマジックワードが出てくると、人々の困窮は自助努力不足で説明されてしまい、支援の網から漏れおちかねない。

コロナ前の日本ではすでに過剰なまでに自助努力が求められていた。しかし、雇用のゆらぎと従来型の社会保障制度のはざまで、めいっぱい働いても、つまり最大限の自助を尽くしても生活の安定を得られない人々が増加し、困窮層として固定化され社会が分断していったことは否定できない。あまり知られていない事実だが、貧困を緩和するはずの所得再分配において、日本ではごく最近まで再分配後に困窮状態がかえって悪化してしまう世帯が出てしまったほど、貧困削減効果が小さい。社会保険と公的扶助のいずれからも排除されている人も多い。コロナ禍というグローバルな災厄は、コロナ前から積み上がっていた事態を最悪のかたちで露呈させたとみるべきである。災害や失業で途端に困窮してしまうリスクはもはや誰にとっても他人事ではなく、セーフティーネットの見直しは急務である。

今井貴子
成蹊大学法学部教授

歴史を紐解けば、日本の社会保障制度に影響を与えたイギリスの福祉国家が形成される大きなきっかけとなったのは、困窮を労働能力や道徳の欠如による個人的問題ではなく、社会構造に内在する問題として捉える認識の転換であった。リスクの個人化からの脱却が社会の安定と発展へとつながったのである。コロナ後の展望は、支える人が支えられ、一人ひとりが持ち味を生かして参加できる社会においてこそ開かれるはずである。自己責任論を超えた先に、共生の希望を見いだすことができるか。われわれは岐路にある。

複線型居住の実現を目指して

大場茂明
大阪市立大学名誉教授

　「巣ごもり」という言葉がいみじくも象徴しているように、COVID-19は私たちの住まい方にも大きな影響を及ぼしている。今回の事態はあらためてセキュリティとしての住宅の重要性を示したといえるが、雇用形態が流動化していく中で居住の保障が決して容易ではないことも同時に明らかとなった。こうした状況において、本来は自助への支援たる住宅政策はいかにあるべきであろうか？持ち家志向の単線型助成とセーフティーネットとの組み合わせからなる現在の住宅政策が、特定階層の滞留を固定するような住まい方の残余化をもたらしたのは明らかであるが、従来の住宅割り当てシステムを見直し、組み替えるのは至難のことである。

　しかしながら、「社会的（sozial）」という言葉が公正性の追求と実現を含意するドイツの市民社会を継続的に観察してきた立場から見れば、今こそ複数の選択肢を前提とした複線型居住の実現を図るまたとない機会といえる。もっとも、地域差が大きいとはいえ、膨大な空き家ストックが存在する中での対物助成の強化は現実的ではない。持ち家取得時の税制優遇こそ最大の対人助成であろうが、この機会に低所得層向けの対人助成を拡充して階層間のバランスを取るような施策、具体的には家賃補助制度の導入により賃貸住宅の質の改善を追求するべきである。

　なお、テレワークの常態化にともなって、大都市遠郊あるいは都市圏外への転居が国内外を問わず増加傾向にあるが、かつて野放図な市街地の拡散がもたらした弊害を鑑みれば、その推進には慎重な判断が必要であろう。

イノベーティブ福祉国家を構想しよう

菅沼隆
立教大学経済学部教授

　ポストコロナは、社会の分断を修復し、すべてのメンバーが承認され、経済・社会活動に参加できることが望ましい。高福祉・高負担の国であるデンマークは、社会的格差が小さく、クリエイティブな企業が多く、強い国際競争力を維持している。そのようなイノベーションと福祉国家の好循環が達成されるシステムを「イノベーティブ福祉国家」と呼ぶ。デンマークをモデルにその条件を提示しよう。重要と思われる要素は次の6つである。

①全世代学習社会の構築：学校教育と職業教育は連続しており、いつでもどこでも職業の学び直しが可能であり、職業訓練を通じて転職を繰り返し、キャリアアップできる社会を構築することである。

②包摂的雇用：包摂とは社会や組織の正式のメンバーとして承認されることを意味する。企業のメンバーシップを剥奪されている非正規労働者をなくし、正規労働者として包摂し、参加と発言を保障できる雇用関係を実現することである。

③労使パートナーシップ：雇用問題全般について労使が共同で対応策を追求する。中央・産業別・事業所の各レベルで協議がなされることである。

④水平的な経営組織：組織をフラットにし、肩書き・地位に関係なく従業員・管理職の対話が円滑に図られることである。

⑤横断的開放的研究開発：研究開発はしばしばプロジェクトチームが結成され、チームの目的に即して企業外部・大学・研究機関から研究者が集える環境を整えることである。

⑥国家戦略の市民社会的共有：イノベーション国家戦略の策定に政労使が参加し、職場・自治体もそれを共有することである。

　学習、包摂、共同、対話、協力、共有といった知的なネットワークの構築がイノベーティブ福祉国家のキーワードとなる。

デジタル化で税・社会保障一体改革の推進を

稲村和美
尼崎市長

　コロナ禍が加速させた大きな社会変化のひとつがデジタル化だ。電子決済、オンライン会議、リモートワークなどが一定の浸透をみせている。一方で、とりわけ、定額給付金の給付事務において、マイナンバー制度が迅速な手続きを実現するどころか、その不十分さゆえに多くのトラブルを引き起こしたことは記憶に新しい。国際的にみても、わが国がIT活用で大きく後れを取っていることが改めて浮き彫りになり、政府が異例のスピードでデジタル庁を設置したように、ポストコロナ社会を見据えた喫緊の課題となっている。

　しかし、デジタル化は手段であって目的ではない。業務改善やサービスの抜本的変革を目指すDX（デジタルトランスフォーメーション）の必要性が語られてはいるが、肝心の目的やビジョンについての議論は進んでいるだろうか。

　コロナ禍への支援として給付事業の実施が取り沙汰されるたびに、事務経費の大きさやスピードの遅さに批判が集まるとともに、立場による人々の分断が顕著になり、多くの人に公正と受け止められる再分配のあり方が実現していないことを痛感する。デジタル化を強力に進めるならば、合わせて、給付付き税額控除制度の導入等も視野に、少子高齢化やライフスタイルの多様化に対応した税・社会保障制度の一体改革とマイナンバーの活用について本腰を入れて議論を進めるべきだ。そしてもちろん、そのような取組の推進には、徹底的な情報公開と対話にもとづく透明性確保、すなわち公権力への信頼の構築が不可欠なのは言うまでもない。

　コロナ禍を単なるピンチに終わらせないよう、政府の骨太な取組を期待したい。

感染危機を「デジタル政府」推進の起爆剤に

小黒一正
法政大学経済学部教授

　COVID-19の経済対策では、総額12兆円もの一律現金給付が話題となった。この問題点についてはさまざまな議論があるが、アメリカやオーストラリア等の諸外国と比較して、迅速かつ的確に給付ができなかった理由も理解を深める必要がある。

　理解のヒントは、2020年3月下旬に出版した拙著『日本経済の再構築』（日本経済新聞出版社）の第8章にあり、そこでは改革の哲学として「透明かつ簡素なデジタル政府を構築し、確実な給付と負担の公平性を実現する」等を提案し、「デジタル政府」の重要性を説明している。

　デジタル政府の本当のコアは「プッシュ型」の行政サービスであり、社会保障の分野などと最も関係が深い。日本でもマイナポータルを利用すれば、行政がその利用者にとって最も適切なタイミングに必要な行政サービスの情報を個別に通知できるはずだ。

　もっとも、プッシュ型の情報提供や給付には、利用者である国民に、マイナポータルに必要な情報の登録を義務付け（例：銀行口座とマイナンバーの紐付け）、登録しなければ給付しない姿勢も必要だ。

　現状では制度改正後に受けられる給付や減税を気づかずにいるケースも多いが、利用者の年収や年齢、家族構成や配偶者の年収、銀行口座などを事前に登録しておけば、必要な給付を的確に行える。これはデジタル政府がセーフティーネットとしても機能することを意味する。

　平時のうちに備えができなかったことが悔やまれるが、震災などでも迅速な給付が必要となるケースも多いはずだ。2021年9月にデジタル庁が発足した今こそ、マイナンバーの活用が必要となる事例を再検討し、「確実な給付と負担の公平性」を実現に向け、プッシュ型の行政サービスの基盤整備を急ぐべきだ。

全国民がマイナンバーを使う世界に

　会社で何人かの女性スタッフにヒアリングをした。「お役所仕事で直してほしいところはある？」「役所に行くのに、どうして会社を休まないといけないの？」「子供が生まれて戸籍課に申請に行ったら、児童手当や育成手当をもらうために保育課に行かなくてはいけなくて、でも、申請用紙に書くことはほとんど同じ。5時間くらいかかりました。」

　システムの設計をするために、まず行うことは顧客体験の設計、そうするとどんなシステムが必要か見えてきて、業務の再設計も見えてくる。政府の場合は国民体験とでもいうのだろうが、上のような不便を解決するためには、例えば、出生届がスマホから行えるとか、出生届が提出されたら戸籍課から保育課にその情報が共有され、届け出した人のアプリに、児童手当の申請受理のお知らせが届く、というデザインを行う。

石黒不二代
ネットイヤーグループ株式会社取締役チーフエヴァンジェリスト

　これらを実現するためには、まず、全国民のIDの統合基盤を作る必要がある。政府の施策でいえば、マイナンバーカードでなくマイナンバーを全国民が常に利用している状態にすること。マイナンバーの基盤の上に、住所や名前、健康保険や医療情報、就業情報などを紐づけることで、圧倒的に利便性が高い社会が実現できる。

　こういう話をすると、自分の情報を知られるのが嫌だ、という意見が必ず出てくる。しかし、管理という意味では、日本は世界で最も戸籍制度が発達した国であり、名前と住所ですでに管理はされている。これをデジタル化するためには、それに固有のIDを付与するだけの話だ。そうしたら、失業したら申請なしで失業保険が出る、ワクチン接種のために、必要な人に必要な日時にお知らせが来る。デジタル社会は、至極便利な世界である。

Chapter

5

民主主義と
ネットリテラシー

逢坂巌

古田大輔

河野武司

関治之

奥村裕一

見世千賀子

求められるタフな政治コミュニケーション能力

逢坂巌
駒澤大学准教授／駒澤大
学ジャーナリズム・政策
研究所所長

　COVID-19に襲われたこの2年間、日本では、1つ目はトップの体調不良、2つ目はコロナ対策に専念するなどとして、2つの内閣が共に唐突に放擲された。その結果、現在、日本の首相は3人目となり、コロナ関連の担当大臣も全て入れ替わった。

　一般に、大事に際して人を入れ替えるのは良くないとされるが、パンデミックという世界大の大事を前になぜコロコロと内閣が変わったのか。背景には、コロナ対応について国民に納得感を与えるコミュニケーションがとれず、政権への不安や不信や不満が高まったことがある。確かに、コロナ禍において政権の支持率が低下することは多くの国で見られた。しかし、2年連続で政権が変わるのは日本に特異な現象である。国民と政治とのコミュニケーションの不全、もしくは不全に耐えきれないリーダーシップの脆さやそれを支えるスタッフや政党ならびに政治制度の弱さを露呈したものと言えよう。

　ウィズコロナかポストコロナか、いずれにせよ新たなパンデミックのリスクはグローバル化の中で続いていく。一方、デジタル化の深化により、出来事が生じると瞬時に情報が共有されて世論が形成され、それに対して政治が即時に反応することが求められる傾向も強まっていくことだろう。リーダーには世論と向き合う肉体的精神的な強靭さと、タフなコミュニケーションをやりきる能力（と気力と）がますます求められることになる。そして、そのようなリーダーを育成し支える力を社会としてどのように作り上げていくのか。COVID-19によって炙り出された、しかし従前からの、日本の政治コミュニケーションの課題の1つである。

メディアの真のデジタル化が始まる

　紙や印鑑、ファックスなどの手続きや組織内の情報共有のテクノロジーによる改革、面会やイベントなどのオンライン化。全ては新型コロナウイルスが加速させたデジタル化の一端だ。この流れは、欧米に比べてデジタル化が遅れてきたメディア業界にも変革を促す。

　近年、各社がウェブへの情報発信を強化しつつあるが、断片的なものに過ぎなかった。メディアのデジタル・トランスフォーメーションとは、情報を自社サイトにアップするだけではない。情報収集・分析・表現、組織のあり方まで、全てをデジタル第一にすることだ。

古田大輔
ジャーナリスト／メディア
コラボ代表

　新型コロナの陽性者数や死者数などのデータをファックスでやりとりして数字の訂正など混乱を生み、給付金手続きが遅々として進まない。これらの反省に立って行政の改革は着実に進み始めた。行政の情報発信がデジタル化されれば、メディアの情報収集や分析もデジタル化を進めざるを得ない。新型コロナに関する報道で称賛されているデジタル技術を使った分かりやすいチャートなどの表現が広がっていくだろう。

　専門家会議のメンバーなど有識者が独自にTwitterやYouTubeでレベルの高い情報発信を始めたことも、メディアの変革に拍車をかける。メディアが情報流通網を独占していた時代ははるか昔。専門家を含む誰もが直接情報を発信する時代に、情報発信のプロとしてのメディアに求められる役割は変化する。

　新型コロナで景気が悪化し、マスメディアの経営も厳しくなっている。デジタル技術を活用し、自分たちがどう役立つ存在なのかを示すことができたメディアだけが生き残る時代に、本格的に入っていく。

危険社会における選挙

河野武司
慶應義塾大学法学部教授

　変異を続けるCOVID-19の脅威の下で、第49回総選挙が2021年10月31日に実施された。緊急事態宣言やまん延防止措置が9月30日の期限をもって解除された後の選挙であったこともあり、投票率は前回と比較して2.25ポイント上昇し55.93%であった。COVID-19のまん延は、感染症のみならず甚大な大気汚染等によって、外出できない、ないしは外出がかなり制限される状況という、広い意味でのU・ベックが提起した「危険社会」における選挙を、いかに実施するかという新たな問題を喚起したことには間違いない。

　選挙は代議制民主主義を駆動させるエンジンの1つである。選挙が定期的に実施されない状況は、「未来の選択」という政治の根幹を揺るがす由々しき事態である。COVID-19といった感染症のまん延やそれ以上の事態の発生に備えて、選挙の定期的実施を保証する究極の方法は、現状においてはインターネットを用いた在宅投票に他ならないだろう。既にエストニアでは期日前投票（投票日の10日前から4日前）の一環として、ネット投票が実現されている。実現にあたっては乗り越えなければならない様々なハードルがあることは確かである。しかし、アクセスの集中によるシステムダウンやハッカーによる攻撃への対処といったセキュリティの問題は、今後の技術進歩により対処しうるであろう。また自宅のPCやスマートフォンなどの通信機器での投票ということから予想される他者によるなりすまし投票は、エストニアのように上書き可能な複数回の投票を保証することで克服しうる。全世界的にインターネットによる在宅投票については、各国固有の問題を考慮したロバストなシステム設計の段階に来ているのではないだろうか。

デジタルテクノロジーで
民主主義をアップデートする

関治之
一般社団法人コード・フォ
ー・ジャパン代表理事

　新型コロナウイルスの発生により、多くの国で行政課題に対する市民参加プロセスのリフォームが必要とされるようになった。多様な人達の課題を解決するためには、それぞれに納得の行くプロセスが必要で、従来のように、一部の人達が政策を決め、一方的に企業や市民に対応を求めるような政策決定の在り方は、もはや共感を得られない。また、ただでさえ一部の人の参加に限られていた集会やワークショップは、オンライン前提社会になり参加がしにくくなってしまった。一方で、ソーシャルネットワークでは、意見のすれ違いや誹謗中傷による分断が発生してしまっている。世界では、オンラインツールとオフラインの組み合わせをうまく活用しながら、地域の合意形成や市民の政治参加を促すツールが使われ始めている。合意形成や市民参加のありかたをアップデートし、より多様な人が行政に参画できるようなプラットフォームを作っていく必要があるだろう。日本でも、バルセロナ生まれの市民エンゲージメントツール、Decidimが使われ始めている。

　選挙で正しい候補者を選ぶだけが民主主義なのではなく、本来様々なレベルでのガバナンスへの主体的な参加が必要だったはずだ。市民が課題解決プロセスに参加しやすくするには、ガバナンスの透明性を上げ、議論や課題解決の機会を作り、職員と市民、企業や研究者がともに課題について考え、手を動かすことが必要だ。オープンな対話を恐れず、組織の垣根を越えて協働していこう。

オンラインコミュニケーションの利害得失

奥村裕一
一般社団法人オープンガ
バナンスネットワーク代表
理事

　COVID-19と人間社会の共存が始まってもう2年になる。この間に劇的に増えたのはオンラインによるコミュニケーションだ。私が事務局を務める東京大学公共政策大学院主催の「チャレンジ！！オープンガバナンス（COG）」というデータ・デザイン・デジタルの3Dをベースにした、市民中心主義の新しい公共圏を模索するコンテストも、昨年は全てオンラインに切り替えた。北は北海道から南は沖縄までの全国約30の地域が一堂に会して数百人が集まり、プレゼンをし、審査をするには、オンライン接続によるコンテストは大変有効である。とりわけ遠隔地の市民や行政関係者にとっては長距離を移動しなくても即座に繋がる便利さは何ものにも代えがたい。しかも参加者の人数制限も気にする必要がない。こうしたオンラインの利点を実感した2年であった。

　しかし、コンテストを運営してみてオンラインの限界もある。それは、コンテストに新たに参加した市民や自治体職員とは打ち解けてのオンラインによるコミュニケーションが取りにくいと感じることである。つまり、これまで全くじかに対面でやり取りしたことのない人とのコミュニケーションと、すでに対面でやり取りしたことのある人とのやり取りでは、内容の深さや濃淡に差が出てくるのではないかという課題だ。

　これは、オンラインコミュニケーションでは、ロジカルな対話は問題ないが、実対面による相手の表情からの読み取りや場の雰囲気など非言語的手掛かりによる豊かな感情の交換や文脈を感じ取れない欠点からくると思われる。

　ともあれ、このようなオンラインと実対面の試行錯誤を繰り返して、両者の利点を生かしつつバランスよいハイブリッドを模索していく知恵を磨いていきたい。

チャレンジ！！オープンガバナンス（COG）
http://park.itc.u-tokyo.ac.jp/padit/cog2021/

（参考文献）
1. Online communication is a lifeline, but lack of touch and non-verbal cues have taken their toll
   https://www.cbc.ca/radio/spark/online-communication-is-a-lifeline-but-lack-of-touch-and-non-verbal-cues-have-taken-their-toll-1.5848068
2. Two social lives: How differences between online and offline interaction influence social outcomes
   https://pubmed.ncbi.nlm.nih.gov/31386968/

すべての子どもに質の高い遠隔教育を

見世千賀子
東京学芸大学国際教育セ
ンター准教授

　コロナ禍で日本の学校が臨時休業や分散登校を余儀なくされたとき、子どもたちの学び
は一時大きく停滞した。遠隔授業の実施はごく一部の学校による例外的なものであった。
世界49カ国1地域にある94校の日本人学校も、現地国政府によるロックダウンや対面授業
の禁止によって、迅速な遠隔授業への移行が求められた。日本国内とは異なり、現在も対
面授業が再開できず遠隔授業が長期にわたる学校もある。今後、平常時も非常時において
も、日本国内各地や海外の日本人学校等に移動せざるを得ない子どもたちを含め、日本の
教育を受けるすべての子どもたちの学びを止めず、質の高い教育を保障するために、遠
隔・オンライン授業への継続した取り組みは必須である。

　オンライン授業では、オンデマンド型のコンテンツと共に、リアルタイム型の授業の充
実が課題である。日本人学校ではICT機器やアプリを適切に利用することがわかりやすい授業につながり、また日本
語の力が十分でない国際結婚家庭等の子どもの指導にも有効であることが見出されていった。こうした実践の成果は、
国内の外国人児童生徒等への日本語指導にも有効である。また、日本人学校では、現地国の学校、他国・他地域の日
本人学校、さらに日本国内の学校とオンラインでつないだ交流授業をすることで、国を超えた新たな学び合いが行わ
れている。異なる背景を持つもの同士の学び合いは、グローバルシティズンシップの育成につながる。ウィズ・ポス
トコロナの時代には、こうした遠隔授業を介して、国や地域を超えた学び合いの場を創造していくことが、より必要
とされる。デジタルテクノロジーの時代に、遠隔教育を充実させることで、地球規模で起こる課題の解決に協働で取
り組む資質・能力を育むことが強く求められる。

Chapter

6

人口の分散と地域活性化

矢ケ崎紀子	室田昌子
田邉泰之	小野崎耕平
菊池武晴	川口大司
神田潤一	山本健兒

ポストコロナの観光振興は地域活性化のために

矢ケ崎紀子
東京女子大学現代教養学
部国際社会学科コミュニ
ティ構想専攻教授

　コロナ禍は、日本人旅行市場や訪日外国人旅行市場を直撃し、特に地域の旅行・観光関連事業者は事業縮小・休業・廃業を余儀なくされている。一方、コロナ禍でも日本人の国内旅行意欲は維持されており、アジア・欧米豪からの訪日意欲も高い。団体旅行の衰退は加速し、個人旅行が主流となる。今後は、2019年に22兆円であった日本人国内旅行市場と、5兆円の外需を獲得する規模に成長していた訪日外国人旅行市場を両輪として、観光振興を進めていくべきだ。その方向性は復旧ではなく、世界の旅行市場を見据えた革新的な復興だ。

　そのためにDXは欠かせない。非接触型サービスの推進だけでなく、誘客・予約・決済・顧客管理までの流れを効果的・効率的に進めていくため、事業者はもとより、観光地域の司令塔である「観光地域づくり法人」、すなわちDMO（Destination Management/Marketing Organization）が、DXに積極的に取り組まなければならない。DXは地域と世界の市場を直接繋ぐ重要な手段だ。

　良いモノを安く売るというわが国の御家芸はサービスの総体である観光分野でも発揮されているが、良いサービスは高いという世界の常識に基づいて、旅行消費単価の向上に努め、事業者は次の感染症や自然災害等のイベントリスクに対するレジリエンスを獲得していくべきだ。観光分野がSDGsに貢献できる余地は大きく、環境配慮や女性活用等については世界トップクラスの実践例が豊富にあることが望ましい。このような方向に適応できない事業者は退場し観光地域は廃れていくことになるが、その分、意欲のある若者が参入して活力を得ると良い。観光地域は、利益率が高く、他産業にも役に立ち、旅行消費が域内でしっかりと循環する観光ビジネスを振興し、地域住民の理解を得て、持続可能な観光振興を進めるべきである。

Airbnbとこれからの旅行のあり方について

田邉泰之
Airbnb Japan株式会社代表取締役

全国における新型コロナウイルス感染拡大は、日本の生活、仕事、旅のあり方に大きな変化をもたらしました。Airbnb Japanでは2021年を通じて、地域の観光経済回復の動きを後押しし、有意義な人と人のつながりをもたらす観光の成長を促進するパートナーシップを一般社団法人長野県観光機構（NTO）や長野県内の辰野町、飯田市とそれぞれ締結しました。具体的には、各地域において「関係人口」創出をしていくほか、地域の空き家を活用する新規ホストを支援、また移住・定住を検討する企業へのサポート等を行っていきます。

コロナ禍で仕事・ライフスタイルの見直しが進み、移住や多拠点・二拠点生活を考える人たちが増えてきましたが、そうしたニーズの高まりやテクノロジーの進化によってより活発になった「どこでも暮らせる・仕事ができる」意識の変化（ワーケーション利用等）が進み、グローバルでは当社を利用した滞在の20％は1カ月以上の滞在となり創業以来最も長期滞在の比率が高くなっています。

一方で、宿泊施設を運営する多くのホストが活躍する日本国内でも、新たなホストが数多く誕生しています。新型コロナウイルス感染拡大時期（2020年3月12日〜2021年9月30日）に新たにAirbnbのホストとして活動を始めた方々の収入の合計が、約2,580万米ドル（約29.3億円）となり、この期間平均1人あたり約9,400米ドル（約107万円）以上の収入を得ています。

当社は今後、ポストコロナを見据えて当社プラットフォームを介したホスト、ゲスト、コミュニティとの有意義な関係をつくり、国内旅行需要回復と、近年以内に予測されるインバウンド旅行需要の回復に備えていきたいと思っています。

デジタル化による地方創生実現へ

菊池武晴
一般財団法人日本経済研
究所イノベーション創造
センター長

　諸外国との比較論はともかくとして、コロナ禍により人と人との「非接触」が求められたことで、日本においてもデジタル化は大きく進展した。私どもは、企業管理職の方々を対象に毎年イノベーション人材研修を行っているが、オンライン化2年目に入り、従前アクセスしにくかった地方在住者も多数参加いただけるようになった。3〜4人のグループによるアイデア創出もZoomの小部屋機能等を使えば難なくできる。むしろ、受講者がネット情報をすぐに共有できるようになったことで、従前のリアル形態より生産効率が高まった。今やあらゆる業種がオンラインセミナーを企画している。情報を提供する側とすれば、会場手配のコストがほぼなくなり、収容人数に制約なく集客でき、アンケート回収率も高まる。情報の受け手は、会場に行く時間・費用の節約になり、リアルタイム視聴できなくても「見逃し配信」してくれる場合もある。

　こうして考えるに、地方在住者におけるイノベーティブ情報のハンディはほぼ解消したと言える。特に若い人の動きは早い。一部業種はリモートワーク化に限界があるものの、様々な経験を経てリモートワークにより生産性が維持・向上する業種は確実に増えた。VUCAと言われる不透明な時代において、副業解禁により個人のモチベーション向上と視野拡がりによるイノベーション創出をめざす組織も増えた。地方では、比較的広い住宅に仕事部屋を確保してリモートワークを行い、通勤時間の減少を余暇にあてる「豊かな生活」を実現しやすい。人材不足と情報不足からこれまでなかなか進まなかった「地方創生」に大きなチャンスが到来したと認識すべきである。

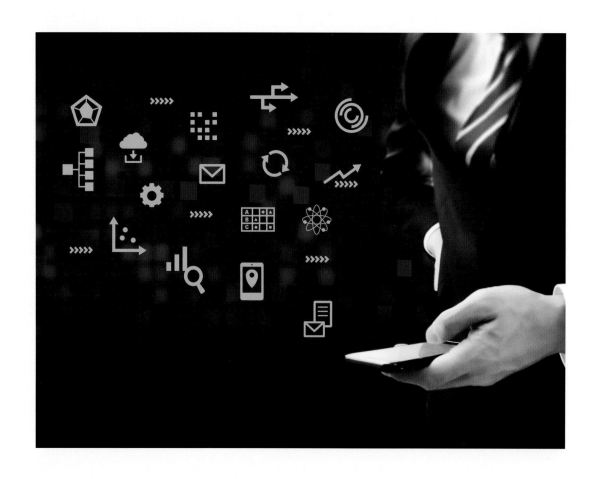

「地方×DX」で日本のレジリエンスを高める

神田潤一
衆議院議員

　COVID-19によって、経済や社会、またあらゆる組織のレジリエンスが問われた。私が執行役員を務めていたマネーフォワードでは、大半の企業よりも早く、2020年2月上旬には在宅勤務へと舵を切った。在宅勤務は、前年の台風15号を契機に時々取り入れていたが、本格的に始めてみると、オンライン会議やチャットなどの活用で仕事の回転はどんどん速くなり、むしろ全体として効率性が高まった印象だ。

　この時の経験を踏まえても、危機対応に欠かせないのは「リーダーの素早い意志決定」、「新技術の活用」、そして「素早く変革できる柔軟な組織」であろう。

　現在は、感染症のパンデミックや自然災害、金融危機など、非常に大きなリスクが何年かに一度顕在化するようになってきており、それを前提にあらゆる物事に備える必要がある。台湾においてマスク配布やワクチン接種などを迅速に行えたのも、個人情報と紐付いたIDナンバーの仕組みをうまく活用できたからだ。日本の宮崎県都城市は定額給付金を全国最速で給付できたが、その背景にはマイナンバーカードの普及率が日本で最も進んでいたという事情がある。政府は危機感を持って、日本のDXを進めていかなければならない。

　日本のレジリエンスという観点では、東京一極集中にもリスクがある。東京で何らかの問題が起こると、日本全体の経済や社会の機能が低下してしまう。DXにより地方の活力を高める、あるいは都市機能を地方に分散させることが重要だ。地方は自然も豊かで生活の質は高く、IT活用で首都圏や都市部と同様の効率的な働き方ができるのであれば、地方の活力はずっと高まる。2021年の衆院選で私は青森から出馬し、当選させていただいた。東京だけがDXで効率化しても、地方との格差が広まるだけで、日本全体の活力は高まらない。これまでの経験を活かし、「地方×DX」の課題に取り組んでいきたいと考えている。

自宅拡大空間としての近隣環境——15分都市の実現

室田昌子
東京都市大学環境学部長・
環境創生学科教授

　新型コロナ以降、テレワークがどのように定着するかは、今後の住宅機能や居住環境を考える上で決定的に重要である。テレワークの定着は、企業や業務の特性による違いが着目されがちであるが、都市規模、居住環境による違いも大きい。事務所の立地では大都市ほど実施率が高く、居住地ではオフィスから自宅が離れているほど実施率が高く、すなわち大都市圏の郊外住宅地のテレワーク率が高い。

　コロナ禍でのテレワークの場所は、自宅のリビング・ダイニングルームが多く、しかも家族で共有するリビング・ダイニングテーブルを利用する人も多く、効率的な仕事のできる居住環境が確保できていない。その際、重要なことは、自宅で過ごす時間が増加すると、自宅の周辺環境が極めて大きな価値を持つことである。

　気晴らしや散歩のできる屋外空間、大人が1人でくつろげる居場所、自宅以外で仕事ができる場所など、これらの空間が身近にあることは、自宅で賄いきれない機能の受け皿として極めて重要であり、自宅の拡大空間として仕事の効率性を向上させるうえで必要な空間である。郊外住宅地は住宅ばかりが立ち並ぶエリアも多いが、例えば自宅から歩いて行ける徒歩圏内に買い物場所やサービス施設があることは、単に利便性を向上させるだけでなく、行動を多様化させ、テレワーク下での行動の単調さを補う機能を持つ。

　「15分都市」は近隣環境を重視し徒歩圏を中心とした都市づくりの概念であり、COVID-19をきっかけとして各国でそのあり方が改めて問われている。近隣環境は、テレワーク環境として自宅では賄いきれない機能を付加することに加え、日常生活の質を高め、生活の豊かさを実感する上で重要であり、また、子供が健全に育つ社会、在宅時間の長い高齢社会、SDGs実現社会で重視すべき空間概念といえる。

「どう生きて、どう死ぬか」

小野崎耕平
一般社団法人サステナヘ
ルス代表理事

　社会保障の政策選択は「どう生きて、どう死ぬか」という生き方の選択でもある－

　10年ほど前、ふとこの言葉を思いつき、以来これをずっと頭の片隅に置きながら過ごしている。果たして、COVID-19はこの問いを地球規模で投げかけることとなった。目先では、テレワークに代表される働き方や当面の業績や経済の動向ばかりに目を奪われがちだが、大多数の人にとっては、仕事も経済も生きるための手段のひとつにすぎない。そもそも、どんなライフスタイルを送りたいのか。立ち止まって見つめ直したい。

　ちなみに、筆者の自宅兼事務所は成田空港に程近い千葉県佐倉市の北総台地の一角にあり、畑では落花生を中心に自家用の野菜を栽培している。農地があり余っているこの辺りでは何ら珍しいことではない。最近は、大学の講義から役員会まで全てオンラインになったが、実は、幾つかの会議は畑の作業小屋から参加していた。（バーチャル背景は丸の内の風景で）。

　自分が自然体でいられる心地よい場所にいたせいか、いつもより元気で発想も拡がっていたように思う。地方育ちで人混みが苦手な自分にとって、東京に住んで都心で働くという生活は明らかに持続可能ではないということにも、より確信を深めることができた。

　私の周囲でも地方や郊外での暮らしに関心を持つ人が顕著に増えている。

　どう生きて、どう死ぬか。自分や家族にとっての持続可能なライフスタイルとは。そのために、どう働くのか。そんなことを考えるきっかけを、COVID-19は与えてくれている。

　（とはいえ、おそらく、田舎・郊外志向は大きなトレンドにはならず、首都機能移転も実現せず、3年もすればコロナ狂騒曲も忘れられてしまうだろう）。

在宅勤務は広がるが都市化は続く

川口大司
東京大学大学院経済学研
究科政策評価研究教育セ
ンター長

　新型コロナウイルスの感染拡大に伴う緊急事態宣言が解除される見通しとなった。コロナ後の世界に私たちの働き方がどのように変化していくのか予測してみよう。この際に有用だと思われるのが調整費用の考え方だ。経済環境が変化する中でも経済活動のありようはなかなか変わらない。多くの人がかかわる仕事のやり方は作り上げるのに手間と時間がかかり、皆で一斉に変えないと変わらないためだ。つまり仕事のやり方を変えようと思えば調整費用がかかる。

　たとえば、情報通信技術が進歩して、働き手が多様化していく中でテレワークの有用性は認識されてきたが、人事管理制度や法制度が追い付かず、なかなか普及してこなかった。今回の外出自粛の中でこれらの運用が柔軟化し、ホワイトカラー労働者の多くが在宅勤務を経験することになった。その中で、多くの人が在宅勤務のメリットを感じるようになった。つまり多くの人や組織が調整費用を支払って新しい働き方に移行したのだ。である以上、この流れを逆行させることは難しいだろう。

　その一方で、これまでの歴史的変化に沿わない未来予測もある。例えば、東京圏への人口集中が徐々に進んできた中で、今回の在宅勤務の普及で経済活動の地方分散が進むだろうといった予測だ。時代の流れを止めていた堰を大きなショックが切ると考えると、これまでのトレンドが反転するということにはならないだろう。人々の集積がイノベーションを生むという生産面、多様な商品サービスが入手できるという消費面、その両面で東京は魅力ある都市であり続けると思われ、人口集中は継続することになるだろう。

· · · · ·

　以上が2020年6月1日に公表したものだ。2021年10月現在、新型コロナウイルスとの戦いは長期戦となることが予測されている。ポストコロナがすぐに到来するというよりはウィズコロナが長引きそうである。そんな中、予測した通りテレワークは着実に定着しつつある。一方で対面でのコミュニケーションの重要性も再認識され、週に2，3回はオフィスに出勤してあとはテレワークという働き方が大企業のホワイトカラーを中心に広がりつつある。この通勤回数の減少と広い自宅オフィスへの需要は郊外化を引き起こしつつある。このことは実質的に東京圏が広がる、つまり土地供給が拡大したのに等しい効果をもたらす。するとこれまでは東京の地価高騰が東京集中の歯止めになっていたのに、その歯止めがなくなる。したがって、グレーター東京ともいうべき広がった東京圏にはより一層の人口流入が起こるのではなかろうか。その一方で、どのような職種でも一部に対面が重要な局面が残る以上、テレワーク普及で地方が再生するというのは、大都市との交通の便が良い一部地域にとどまるだろう。

パンデミックからのレジリエンスを発揮できる
地域整備を！

山本健兒
九州大学名誉教授・帝京
大学経済学部地域経済学
科教授

　COVID-19とその変異株の感染蔓延によって、大都市への人口集中は持続可能ではない
という認識が広まった。しかし、イノベーションを生み出す場として都市が重要であるこ
とは依然として否定できないし、イノベーションの継起こそサステイナブルな世界の構築
につながる。都市は多様性に富んでいるが故にイノベーションを生み出す場として機能す
るとジェイン・ジェイコブズが説いたことはよく知られている。他方で、多様性の程度は
人口規模に依存するという考え方もある。そうすると、人口分散と多様性の維持拡大とを
如何にして両立できるのかという問題が浮かび上がる。

　この問題を考える際に参考になるのは、ライン川流域とこれに比較的近いエリアにおけ
る諸都市間および諸都市と諸農村の間の関係である。人口10万人を超えれば大都市であるとするドイツの中で、上記
エリアは個性あふれる中小都市が密度濃く分布し、それぞれの周囲の農村部も含めてイノベーティブな企業が多く、
欧州で最も豊かなエリアとなっている。そこではCOVID-19の感染率も欧州の中では低い状況が続いていた。2021年
11月時点においてドイツはまたもや大きな感染拡大状況にあるが、全国一様では決してなく、上記エリアの感染率は
比較的低い。その理由は分からないが、各中小都市を核として農村部も含む各都市地域の生活空間がよく整備されて
いるので仮に更なる感染拡大があったとしてもそれを克服できると期待される。その地域整備に学ぶことが重要では
なかろうか。対等な関係をもつ中小規模の諸都市と農村部との関係あればこそ、さまざまなパンデミックからのレジ
リエンスを発揮できると考えられるからである。

Chapter

7

ビジネスモデルの再構築

大場昭義　　　　辰巳哲子

井垣勉　　　　　森川博之

峰岸真澄　　　　長谷川敦士

大島誠　　　　　清水洋

岡野寿彦　　　　井上哲浩

中村潤

キーワードは「協調・連帯」と「価値創造」

大場昭義
一般社団法人日本投資顧
問業協会会長

　新型コロナウイルスで日常生活が翻弄され、はや2年が経過しようとしている。友人と
の会食、気分転換のショッピングや旅行、芸術鑑賞、スポーツ観戦、旧交を温める同窓会、
これらのほとんどは不要不急だから自粛対象になった。家にとどまることが最善策という
感染症専門家の意見を踏まえ、日本人の多くはそれに従った。「家にいること」を実体験
すると、人間はいかに不要不急の行為で生活を成り立たせているか再認識する。また、外
出の際にマスクは必須になったが、ヒトの表情が確認できず、長引くマスク生活に息苦し
さを感じている人々も多い。ウェブ会議の進展で新たな発見も見出されているが、会議の
質の低下も指摘され、コロナ禍における会議や授業のあり方について模索が続いている。
ワクチン接種も進み、明るさも見え始めているが、専門家によればコロナとの共生は長期
戦を覚悟せざるを得ないようだ。今後重要になると思われる概念を改めて2つ提示したい。

　1つは協調と連帯だ。感染症は多くの人々を死の恐怖にさらすため、自分さえよければいいという刹那的精神構造
に陥りがちだ。各国のリーダーも自国優先の志向が強くなった。米中という2大国家のリーダーは、その典型例かも
しれない。しかし、現在はその反省もあり、連帯と協調の重要性も意識されている。歴史を振り返ると、協調と連帯
という理念なくして感染症は克服されることはない。専門家はウイルスとは共生するしかないという。翻って、人間
も自己中心を脱し協調と連帯で共生の道を探らねばならない。

　もう1つは企業の価値創造だ。感染症の脅威は間違いなく経済問題に直結する。自粛に伴う各種給付金、医療や学
生・学校などへの経済的支援は待ったなしだ。おそらく、支援金は想像を超える額に膨れ上がるだろう。この財源は
国民の税金で賄うほかはなく、財政状況を考慮すると将来は増税が視野に入る。こうなると、唯一の価値創造主体で
ある企業が価値創造力を一段と高めることが重要だ。お金を生み出すことができるのは企業でしかないからだ。個々
の企業が自社の存在意義を世に問い、低収益とされる現状を改革につなげ、高付加価値のビジネスモデルを創造でき
るかどうか、その気概が試される。

企業理念に立ち返れ

コロナショックによって人々の価値観や産業構造が大きく変化している。例えば、在宅勤務を支えるために5Gのインフラ整備が一気に加速したり、新薬開発に関するさまざまな許認可プロセスが一気に進んだりと、社会変革のスピードが増している。しかし一方で、少子高齢化や気候変動といった、コロナ以前から存在していた社会的課題は変わることなく存在している。

このような時に企業に求められるのは、急激な事業環境の変化に対応しながらも、未来を見据えた社会的課題の解決に対する投資を断固として継続する強い意志である。困難な時だからこそ、中長期の視点で社会的課題を解決できる企業だけが、ステークホルダーから支持されて勝ち残る。ポストCOVID-19には、企業が社会から選択され、淘汰される時代がやってくる。

この「選択と淘汰」の時代においては、"事業活動を通じて社会の発展に貢献する"という企業の本質と存在意義が今まで以上に問われることになる。企業が社会に必要とされる価値を生み出し続けるためには、ステークホルダーを惹きつける求心力の原点になるとともに、発展の原動力となるぶれない軸が重要となる。その軸となるのが企業理念だ。企業理念に対する共感と共鳴をステークホルダーと分かち合うことでイノベーションが生まれ、よりよい社会がつくられる。

経済価値と社会価値のベストマッチングを目指す企業理念経営において一番大切なのは、実践することだ。壁に掲げておくだけでは意味がない。社員一人ひとりが企業理念に立ち返り、一丸となって実践し続ければ、必ずやポストCOVID-19の社会に必要とされる価値を生み出すことができるだろう。

井垣勉
オムロン株式会社執行役員 グローバルインベスター&ブランドコミュニケーション本部長

企業経営者は、自身が果たすべき役割について
自問自答を

峰岸真澄
株式会社リクルートホールディングス 代表取締役
会長 兼 取締役会議長

コロナ禍でこれまで見過ごされていた社会の「不」が一気に顕在化し、変革の機会は大きく増大した。

オンライン教育や診療、テレワークなど、米国では一気に浸透が進んだが、日本では浸透が進まず、テレワークは一時的に進むもすぐに逆戻りとなった。雇用に関して、米国では急速に需要が高まった新しい産業や職業に労働移動が起こり新陳代謝が進む一方、日本では大きな変化はない。また企業に目を向けると、米国では様々な産業でイノベーティブな企業が上場を果たし、高い時価総額を活かして産業変革をリードしている。

コロナ禍を契機として変革が加速する米国と、何もかもが遅い日本との間で大きなギャップが生まれていると感じている。

本来、企業の役割は有事でも平時でも変わらない。私の持論だが、企業、特に上場企業・大企業の役割は、自社が対峙している産業の変革をリードしていくことによって、社会を変革していく、社会を豊かにしていくということ。そして企業経営者が果たすべき役割は、企業という組織を通してその産業変革を起こすことである。

企業の経営者が果たすべき役割が産業変革であり、結果としての社会変革にあるとすれば、そこのポイントは3つあると考えている。

① 企業経営者が、眼前の業績ではなく、対峙する産業の変革に本気でコミットしているか

② インパクトにこだわり、自社が勝てる分野に特化し、最重要のアジェンダに集中できているのか

③ 産業変革への取り組みとその将来期待が反映され、企業の時価総額は向上しているのか

企業経営者は、もちろん長期視点で企業経営をするわけだが、自社の存続を第1に考えるのではなく、自社が対峙する産業の変革に長期的に取り組むことが第1の役割である。もし企業が産業変革の役割を終えたのであれば、その企業は撤退していくべきであるし、あるいは他社と統合して産業再編を強化することで社会を変革させていくことも必要となる。

そういったことを、本気で考え抜き、最重要のアジェンダに集中して取り組めているのか、この機会に改めて企業経営者は自問自答をすべきと考えている。

ブレない戦略と強烈に推進するリーダーシップが要

大島誠
パナソニック株式会社エグゼクティブ インダストリースペシャリスト

　私はパンデミック禍の約2年に3回渡米した。目的は、ロックダウン等の強烈な規制の中で、米国小売業はどのように対応しているかを徹底的に調査して、日本の流通・小売業にとって参考になる施策等の情報を取得することであった。当初ロックダウン下で多くの小売業が経営に行き詰まり倒産した。一方で、社会インフラでもある小売業は生活基盤としての役割を果たすべく、様々な工夫と対応でこのパンデミックを乗り切った小売業も多い。

　翻って、日本の小売業は、何か特別に対応をしたであろうか。私の見立てでは、それほど変わらなかったのではないかと考えている。「大変だ」という言葉が先行して、その場しのぎの対応をした企業が多いと思う。パンデミック禍以前から、進まないDX化と、その推進を妨げる多くの規則や保守的な運用が、パンデミック禍中で身動きの取れない結果となったのも事実であろう。

　渡米中、私は米国の大手小売業の経営者の生の声を聞いた。多くのトップは同じことを口にした。パンデミック禍でも慌てる事なく、以前に立てた戦略や投資を止める事なく推進すること。そしてその戦略や投資が正しかったかの判断は、このパンデミック禍に現れている。また、世界最大の小売業のウォルマートのCEOは「我々はソーシャル小売業」になると言った。競争/競合から脱却して、社会的な役割としての小売業の立場を表明したのである。米国小売業界が、パンデミック禍に関わらず毎年7〜8％の成長を成し遂げているのも、このようなブレない戦略と実行力を持ったリーダーシップがあるからであろう。日本の企業も、古い考えを捨て、ブレない戦略を推進できるリーダーが舵を取るべき時代であると考える。

中国企業との「競争と提携」
──日本企業は「強み」を捨てるな

岡野寿彦
NTTデータ経営研究所主
任研究員

　米中対決は今世紀最大のテーマであり、米中両国とバランス良くつき合っていく必要がある日本にとって厳しさを増すのが中国企業との「競争と提携」だ。彼を知り己を知る。中国企業の経営の特徴、「強さと弱さ」を分析し、自社がどこで競争力を発揮するのか、戦略が問われている。

　「デジタル敗戦」という言葉があるが、日本企業のDXはデジタル技術を活用した「業務の変革」では確実に成果を上げている。業務プロセスを磨いてきたからこそできるDXである。一方、事業を大胆に組み替える「経営の変革」では苦戦している。中国企業がトップダウンでのスピード、柔軟性を特徴とするのに対し、日本企業は現場の改善力、継続力が特徴という違いが背景にある。日本企業の経営者と意見交換すると、自社の課題を的確に分析した上で、つくってきた「強み」を変えることの業績へのインパクト、そして、経営の「型」を変えることが本当に良いのか、悩んでいる。

　米国と中国が牽引したデジタル化は、消費者向のサービスを中心に「標準化による規模の確保」を競争ポイントとして進展した。トップダウンによるスピード経営と相性が良かった。現在中国では、「ネットの飽和」によりデジタル化の主戦場は企業サイドの効率化・高品質化に変化している。中国企業人と会話すると日本企業の丁寧に品質をつくり込む組織力、継続性を、自分たちに足りないものとして評価している。日本企業はつくってきた強み、特に社員がやりがいを持って力を発揮できる「経営の型」にこだわるべきだ。一方で、産業構造の転換が進む中で、摺り合わせ、現場力など日本企業の特徴が競争優位の源泉となる事業領域が縮小していくことも直視せざるを得ない。強みを守りつつ、水平分業化を牽引する米国、中国企業とオープンな環境で補完関係をつくれる経営力を磨くべきだ。

ウィズコロナにおける「つなぐ」技術経営

中村潤
中央大学国際経営学部教
授

　世界では新型コロナウイルスの感染は国ごとでばらつきはあるものの、いまだ感染が収まったとは言い難く、ウィズコロナの状況は当面続くと思われる。こうした状況をもとに技術経営の視点で述べてみたい。

　海外を市場とする商品企画や製品開発においては、受益者の振る舞いや現場での使用状況の敏感な変化を捉える必要があるものの、移動の制約に直面し、JAL／ANA等の国際線の利用率の回復にはいましばらく時間がかかる。マスク使用を含めたウィズコロナの振る舞いは、世界と日本とはかなり異なることが顕在化したいま、改めて「三直三現主義」にもとづく現場・現物・現実を直視するためのグローバルなつながりを強める連携体制が求められる。

　日本においては、在宅勤務率の話をよく耳にするが、特に在宅勤務でのハードウエアの製品設計は困難を伴っている。ウィズコロナを見据えたメタバースのような仮想現実のツールが昨今見受けられるが、肌触り感や電磁波などアナログ技術の扱いは残る。MBD（Model Based Development）も進化するであろうが、対面とオンラインの切り分けは曖昧なところが多い。ハードウエアだけではなく、（在宅勤務が比較的容易な）ソフトウエアの開発を組み込む製品開発となれば、両開発部隊をつなぐプロジェクトは、勤務形態を含めて連携する工夫に注力する必要がある。

異なる要素同士の組み合わせが、新たな発想を刺激することはかねてより研究成果として言われてきた。海外仕様を吟味するための発見、異なる部隊同士の連携、それらのファシリテーションは、ウィズコロナの世界ではこれまで以上に配慮した「つなぐ」技術経営が求められる。

「人が集まる意味」を問いなおす

辰巳哲子
リクルートワークス研究所
主任研究員

　COVID-19によって強調されたソーシャルディスタンスは、職場の物理的な距離だけでなく、心理的な距離をも遠ざけた。職場と個人の関係性をどのように紡ぎ直すのか、以下に紹介する、新たなコミュニケーション戦略の構築こそが、今後の企業経営に大きなインパクトを持つと考える。

　1つには新たな「集まり方」の検討だ。リモートワークとリアルな出社を組み合わせた「ハイブリッドワーク」が進む中、私たちはオンラインでの集まりを含めた、次世代の「集まり方」を考えなくてはならないだろう。目的に応じて、オンライン／対面、同期／非同期、使用するテクノロジーを組み合わせることも大切だ。一例を挙げると、経営者からのメッセージの伝達でも、ある企業では、時差のある従業員とも情報共有できるよう、オンラインの非同期で行われ、メールやチャットで共有とフィードバックを得ている。一方で、職場の一体感を醸成するために、同じ時間にオンライン上に一斉に集まり、経営者にチャットで質問してフィードバックを得るといったコミュニケーションを重視している企業もある。このように今後は集まる目的や組織風土に応じた、コミュニケーション戦略を考えなくてはならない。

　2つには、従業員のソフトスキルの向上だ。ハイブリッドやリモートワークを前提とした職場では、ソフトスキルの価値が必然的に高まるだろう。分散したチームをいかにマネジメントするか、そこには共感スキルやデジタルコミュニケーションスキルが欠かせない。これまでにグローバルでは後れを取ってきた、対個人・対集団のコミュニケーションスキル開発に、企業は今こそ注力すべきであろう。

参考：リクルートワークス研究所　人が集まる意味を問いなおすプロジェクト
https://www.works-i.com/project/gettogether.html

「気づき」から社会の再定義へ

森川博之
東京大学大学院工学系研
究科教授

　COVID-19の影響に関して、トップの営業成績を上げてきた方から聞いた話が興味深い。

　対面営業よりもオンライン営業の方が良いという。対面で行う打ち合わせだと、すべての参加者の表情を同時に把握できないが、ビデオ会議だと画面上で全員の表情を一目で把握できるためだという。

　ビデオ会議という存在は知っていても、実際に使ってみるといろいろな「気づき」がある。

　オンライン授業も、当初は対面でないと教育効果が上がらないなどという言葉が飛び交っていたものの、実際にやってみると学生からも教員からもすこぶる評判が良い。

　新しい技術に対しては、こんなものは必要ない、金を払ってまで使わないなどの懐疑的な声が必ず上がる。しかし、実際に使ってみると、新たな「気づき」がある。この「気づき」を一早くビジネスにつなげたものが勝者となる。

　洗濯機の登場で、家事労働の負担が大幅に減ることは明白だったが、洗濯機が社会に与えた影響はこれにとどまらなかった。衛生観念が大きく変わり、毎日洗濯するようになって、衣類の需要が一気に増えたことも、社会には極めて大きな影響を与えた。今から振り返れば当たり前のことであるが、「洗濯機で衛生観念が変わる／衣類の需要が増える」ことを登場前から認識していた人は誰もいなかっただろう。

　デジタルは経済の構造を過酷なまでに変えていく。COVID-19がこの動きを加速する。後戻りすることなく、デジタル・ニューディールを加速し、社会の仕組みそのものの再定義を進めていかなければいけない。身の回りの「気づき」を大切にしながら将来を深く洞察し、新しい社会や事業の構築につなげていくことが大切だ。

ビジョンを「見る」ためのプロトタイピング

　COVID-19によって、社会は今までみたことのない世界に突入した。移動の制限はさまざまな産業に影響を与えたが、その一方で「通勤とは」「旅行とは」といった、これまでの「あたりまえ」に対して本質的な価値を問い直すことになった。

　特に、働き方や、教育などは、20世紀、あるいは19世紀の物質的制約の名残ともいえるやりかたの踏襲から、本質的なやりかたをみなおすきっかけとなっている側面があるといえるだろう。

長谷川敦士
株式会社コンセント代表
取締役／武蔵野美術大学
造形構想学部クリエイテ
ィブイノベーション学科主
任教授

　企業にしても行政にしても、ポストCOVID-19においては、「次の一手」をどうするかは大きな判断となる。たんなる施策レベルではなく、方針からの見直しが必要となり、過去を見ても海外を見ても先例があるわけでもなく、独自に判断をしなければならない。

　ここでまさに、中長期を見据えた「ビジョン」が必要となる。しかしながら、不確定な世界でいかにビジョンを持つことができるのだろうか。ビジョンは本来「見ること」であ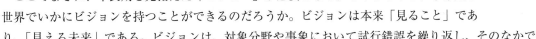り、「見える未来」である。ビジョンは、対象分野や事象において試行錯誤を繰り返し、そのなかでの勘所をつかみながら、将来の可能性を想像したときに「見えてくる」シナリオである。

　ビジョンを見るために必要なのは、自身の分野のなかで試行錯誤を繰り返し、新しい仮説を見いだすことである。記号学者のパースは、まさにこの試行にもとづいて仮説を見いだす方法を演繹、帰納に続く第3の思考方法として「アブダクション」と呼んだ。

　アブダクションとは、プロトタイピングによって「考える」手法である。演繹的な課題解決や、既存理論にもとづく理解が不可能ないまこそ、アブダクションによってビジョンを「見る」ことが求められている。

イノベーションが起きる領域

清水洋
早稲田大学商学学術院教授

　世界で多くの方々が亡くなっており、悲しみで包まれています。さまざまな現場で、それぞれ大きなチャレンジに直面しています。

　これまでのやり方の延長線上ではどうしても対応できない課題は、イノベーションという観点からすると、大きなチャンスです。これまでのやり方をどうしても変えなければいけない状況は、新しさが生み出される源泉です。

　イノベーションがどこの領域で起こるのかを考える上で、生産要素の価格変動は重要な要素の1つです。これまでのイノベーションのパターンを見てみると、生産要素の価格変動がきっかけになってきたことが多いのです。

　例えば、イギリスでの産業革命期に、労働力を節約するようなイノベーションばかりが起きたのは、当時のイギリスの人件費が高かったからです。日本で、省エネ技術がこれほど進んだのは、日本人が節約好きだからではなく、日本のエネルギー価格が高かったからです。

　COVID-19によって、供給がなくなったり、価格が上昇する生産要素があります。労働力は分かりやすい例です。供給過少となり価格が上昇する（あるいは上昇が見込まれる）労働があります（もちろん、反対に過剰となる労働もあるでしょう）。ここにチャンスがあるのです。

　人々の動きをスマートに調整することでソーシャル・ディスタンスを保つ、個別サービスを効率的に行う、リモートワークを効果的に行う、分散的に暮らす、これらを行う上でコストがかかりすぎるボトルネックは多くあります。そのような領域こそ、イノベーションが生み出される可能性の高いところであり、クリエイティブ・レスポンスが求められているところです。

予測困難な行動変化を理解するための
古典的CSPPB枠組み

井上哲浩
慶應義塾大学大学院経営
管理研究科教授

　デザイナー開発のマスク着用、ワクチン接種の拒否、化粧パターンの変化など、多くの
行動変化が生じてきた。しかしながら観察される行動に対応するのでは、反応的な後手の
局所的な対応になりがちであり、戦略的ではない。不透明な時代の企業戦略に必要とされ
るのは、予測が困難な行動変化を理解する理論枠組みである。

　その1つが、CSPPBフレームワークである。最後のBであるBehavior＝行動は、Culture
＝文化→Society＝社会→Personal＝個人→Psychology心理の影響を受ける、とする。

　B行動は、P心理的要因にまず影響を受けている。知覚される自己という心理は、より
重要になっている。見られる部分のみを化粧するという行動は、一例であろう。知覚され
る自己の重要性が増している一因として、限られた自己表現というP個人的要因に関して、時間にせよ空間にせよ制
約下であればあるほど、S社会的存在としてのヒトの自己表現は重要となる。本来衛生用品であるマスクが、百貨店
でファッション・アイテムとして売られている根拠は、ここにある。さらに上位にあるC文化の異質性を理解するこ
とが、ワクチン接種拒否の理解に必要である。

　CSPPBの上位ほど、より大きく、より長期的で、より普遍的な影響を行動に与える。予測が困難な今、C文化とい
う大局的見地から行動を理解することを、戦略立案の起点とするべきである。文化を理解し、その社会への影響を把
握し、個人そして心理的な変化をとらえ、観察される行動変化を理解することが重要である。

　加えて、CSPPBは、下位から上位、上位から下位という一方向ではなく、両方向から検討すべき枠組みでもある。
一般的教科書に紹介されているCSPPBは古典的であるがゆえ、汎用的そして包括的であり、予測困難な変化にも適
用できる頑健さを有している。

SEA OF JAPAN
Vladivostok
Sapporo
Chongjin
Pyongyang
Seoul
Busan
Hiroshima
Fukuoka
Nagasaki
Shanghai
Ningbo
Kanazawa
Kyoto
Tokyo
Sendai
Morioka
Akita
Sado
Aomori
Hakodate
Hokkaido
Asahikawa
Wakkanai
Sovetskaya Gavan'
Kuril Islands
Simushir
Yellow Sea
East China Sea
Ryukyu Is.
Amami Is
Naha
Taipei
Mudanjiang
Fushun
Anshan
Dalian
Qingdao
JAPAN
Urup
Iturup
Honshu

感染症と
グローバルガバナンス

梶谷懐 　　　　　　　木村福成

瀬口清之 　　　　　　伊藤亜聖

網谷龍介

コロナ禍への対応と「文化」をめぐる対立

梶谷懐
神戸大学大学院経済学研
究科教授

　新型コロナウイルス感染症では、民主主義国家に比べ権威主義国家の方が感染者/死者数が抑えられるという指摘があり、これをめぐって「民主主義の敗北」を唱える識者まで現れた。しかし、一連の議論には「文化」という視点が欠けているのではないか。自然環境がもたらすリスクに対処するための社会の枠組みと、人為的環境がもたらすリスクに対処するための社会の枠組みは区別して考える必要があり、前者は集団主義の文化的信念が、後者は個人主義的な枠組みが根底にある。このように考えると、中国が今回、新たな感染症に上手く対処できたことは不思議ではない。

　実際、世界価値観調査（World Value Survey）の結果は、欧州の新教諸国や英語圏の国々が「自己表現を重視」するのに対し、中国を含む儒教文化圏の国々は「生存を重視」する傾向があることを示している。

　たとえば、中国では新型ウイルスへの対応を毛沢東時代の人民戦争になぞらえ、「人民」の一体感を強調する一方で、「市民」の自由の抑制によって感染の抑え込みを図る手法が取られた。近代社会において「人民＝ピープル」と「市民」はしばしば対立しうるが、特に中国のように集団的文化背景を持ち、市民革命を回避しながら、共産主義政権によって資本主義化が実現した国家は、両者の矛盾がより先鋭化しがちである。

　このため、中国社会において近代的な「市民的公共性」を実現することの困難さは際立っている。一方で、功利主義とテクノロジーにより、「市民的公共性」を代替することには限界がある。このような価値観の対立をふまえ、異なる文化背景を持つ存在として中国と向き合い、「普遍性」を再検討しながら中国問題に取り組む必要性がある。

「民」が国家を補完する新たなグローバルガバナンス

瀬口清之
キヤノングローバル戦略
研究所研究主幹

　近年、ICT技術の向上とグローバル化の進展とととともに、国境を越えた情報交換が日常化し、グローバルな交流が緊密化してきた。さらに、COVID-19のパンデミックの対策として全く予期せぬ形でオンライン会議を通じたコミュニケーションが急増し、国境を越えたグローバルな経済文化交流の緊密化が一段と加速した。

　その一方、政治面では米中対立に端を発し、民主主義国VS非民主主義国といったグローバル社会の分裂が先鋭化している。世界中がCOVID-19の感染拡大を防ぐために一致団結しなければならないことを認識しているにもかかわらず、政治対立がグローバルな協力体制の構築を妨げている。国際政治はグローバルな交流緊密化の流れに逆行し、世界中の人々のニーズに応えるどころか、それを阻害する方向に向かっている。

　民主主義国の政治家は各国内の選挙で勝たなければならないため、国民感情が他国との政治対立を求めればそれに従わざるを得ない。しかし、このままでは国際政治の対立が一層深まり、グローバル社会の課題を解決できない状況が深刻化する。

　国内世論に縛られる各国の政治家に代わって、グローバル社会のために自由に動ける民間人が自発的に課題解決に立ち向かうことが上述の問題解決の重要な手段である。具体的には世界から信頼される専門家が専門分野別に国を越

えた組織を形成し、グローバルな課題解決のための政策提案をする。今や世界の共通インフラとなったオンラインツールを活用すれば、民間人でもグローバルな組織を形成し、政策提案が可能である。「民」の機能が国家の機能不全を補う新たなグローバルガバナンスへのチャレンジを期待する。

「人権の政治」に踏み出す準備はあるか

網谷龍介
津田塾大学学芸学部教授

　COVID-19が世界を覆うのと並行して、人権問題が国際関係に浮上してきた。2021年5月に当時の茂木外相は中東欧4カ国外相と、法の支配に基づく自由で開かれた国際秩序の維持・強化にむけた連携で一致した。6月には自民党の人権外交プロジェクトチームが、菅首相に人権外交強化を求める提言を手渡した。対中関係をにらんだ動きである。

　法の支配や人権は、国際関係に限定できない、国内的側面を伴うシンボルである。ポーランドとハンガリーは、まさに国内の法の支配が不十分であることで、EUから制裁を科されようとしている。そのような国々との「法の支配をめぐる一致」とはいかなるものか。

　また法の支配や人権を擁護することは、現在では「立法に抗してでも裁判所が少数者の人権を擁護する」ことを意味することが多い。ポーランドやハンガリーが批判される理由の1つは、立法による少数者の権利の制約である。人権擁護を掲げるならば、アメリカ最高裁やドイツ連邦憲法裁のように、日本の最高裁も価値判断を積極的に下すことが必要となる。

　さらに欧州人権条約が「生きている文書」と呼ばれるように、人権基準は進化する。ある段階で基準を満たせば、以降は現状を保守すればよいというものではない。そのグローバルな人権基準の特定の一部分だけをつまみ食いしたり、手前勝手に解釈したりすることも、それ自体グローバルな法の支配の理念に反する行為である。

　つまり、「人権の政治」に踏み込むことは、価値判断をめぐる統治諸機構の間の役割再編を余儀なくし、対内的にも対外関係上も政治的選択を縛る面を持つ。日本の政治にその準備はあるだろうか。

（参考）
https://www.mofa.go.jp/mofaj/erp/c_see/page1_000963.html
https://www.jimin.jp/news/policy/201677.html
https://curia.europa.eu/jcms/upload/docs/application/pdf/2021-12/cp210217en.pdf
https://ec.europa.eu/commission/presscorner/detail/en/ip_21_3668
https://echr.coe.int/Documents/Convention_Instrument_ENG.pdf

サプライ・チェーンは頑健だった

木村福成
慶應義塾大学経済学部教授／東アジア・アセアン経済研究センター（ERIA）チーフエコノミスト

　新型コロナウイルスの感染が世界中に広がる中、サプライ・チェーンの分断が問題視され、その頑健性を高めるべきとの声が沸き起こった。しかし、冷静に月次の国際貿易統計その他の統計データを分析すると、全く違う景色が見えてくる。

　実際には、東アジアのサプライ・チェーン、とりわけ機械産業を中心にタスク単位の国際分業を展開している国際的生産ネットワーク（IPNs）は、他の貿易と比べ、robust（ショックに襲われても途切れにくい）でかつresilient（いったん途切れても回復しやすい）であった。2020年2月の中国からの輸入途絶という負の供給ショック、感染拡大後のマスク等の不足という正の需要ショックは、1、2カ月の間に民間企業の努力によってほぼ解消された。心配された世界不況による負の需要ショックは、各国における未曾有の緩和政策によって、当初の予想よりはるかに軽微で済んだ。国際貿易額の底は2020年5月あたりで、その後は数次にわたる感染の波に襲われつつも、巣ごもり需要による正の需要ショックに助けられて、全体として回復に向かった。人の移動が制限されていても、モノの流れとビジネスのつながりは維持された。

　サプライ・チェーンを展開する企業は、新型コロナ以前から、国際分業から得られる効率性とリスク管理のトレードオフを考慮しつつ、事業を展開してきた。わざわざ政府が企業にリスク管理を教える必要はない。それよりもコロナショックへの過剰反応の背景には地政学上の懸念があったことが重要だ。今、政府がなすべきは、できる限り地政学的緊張による政策リスクを軽減し、デカップリングの範囲を可視化して、ルールに基づく国際貿易秩序を広く保持することである。

新興国デジタル化の時代に日本の取り組み拡大を

伊藤亜聖
東京大学社会科学研究所
准教授

コロナ危機発生から2年が経過し、ウィズコロナの時代にデジタル化への機運は一層高まってきた。国際電気通信連合（ITU）の最新データによれば、2021年時点でインターネットの利用経験のある世界人口は49億人である。これは2019年より約8億人多い。なかでも後発開発途上国（LDC）ではユーザー数が20%増加した。ITUはこれを「COVIDによる接続性のブースト」（COVID connectivity boost）と呼んだ。引き続き29億人はインターネットの利用経験が無いと推計されているが、問題の焦点は徐々に「アフターアクセス」へと移行してきた。つまり接続の有無から、接続後にどう課題解決につなげ、またフェイクニュースをはじめとした負の側面にどう対応するのか。

デジタル前提の新興国・途上国を視野に入れると、日本には「先進工業国としての日本」、そして「課題先進国としての日本」の先に、新たな役割を創り上げていくべき段階に入っている。日本国内のデジタル化に立ち遅れが見える中で、わたくしは新興国へのソリューションの提供だけでなく、多数の実証実験の場となった新興国からの発想、刺激、ノウハウ、そしてソリューションの還流も視野に入れた「共創パートナーとしての日本」という視点を提案している。しかしコロナの影響もあってか、日本企業の新興国での投資や現地企業との戦略提携といった取り組みへの広がりは限られているようだ。日本は新たな国際情勢のなかで、いかなる役割を果たしていくか、また果たしていけるのか。ウィズコロナのなかでも事業創出する力が求められている。

Chapter

9

米中のはざまで
日本の果たすべき役割

高口康太   園田耕司

関志雄   細川昌彦

林幸秀   田中修

COVID-19が暴いた日本の弱点、中国の弱点

高口康太
ジャーナリスト／千葉大学
客員准教授

　COVID-19流行下の日本では、「デジタル敗戦」という言葉が人口に膾炙するようになった。露呈したのは情報技術を活用する基盤が整備されていないという課題だ。2021年春には、政府発表の全国感染者数の統計が、担当者が各都道府県の公式サイトを訪問して集計しているとのお粗末な事実が明らかになったが、それだけではない。保健所による感染者の把握、補償金の給付、ワクチン接種履歴の配布などさまざまな場面でデジタル技術が活用できず、電話、ファックス、葉書が頼みの綱となった。ルポライターの安田峰俊氏が「コロナは各国の弱点を暴く」と話していたが、まさに至言であろう。「デジタル敗戦」の衝撃によって、変革が進むことを願うばかりだ。

　対称的にデジタルの強みを発揮したのが中国だ。地方自治体や通信会社、鉄道会社などが個別に保有していたデータの連携を速やかに進め、感染リスクのある個人を特定し、PCR検査や隔離を促すシステムを立ち上げた。もともとそうしたシステムを用意していたわけではない。COVID-19流行後に取り組みが進んだのだが、その柔軟性とスピード感は評価に値する。もっとも中国にも弱点はある。デジタル化では柔軟さを見せたが、政治的意志決定では独裁体制がゆえの硬直化が問題だ。習近平総書記の大号令で始まった厳格な対策だが、実情に合わせて転換しようにも号令に縛られて身動きが取れない。しかし、対策緩和と経済優先を習近平総書記が指示すれば、その後に感染拡大した場合の責をトップが追うことになる。独裁体制の弊害も明らかだが、解決の道筋は見えていない。

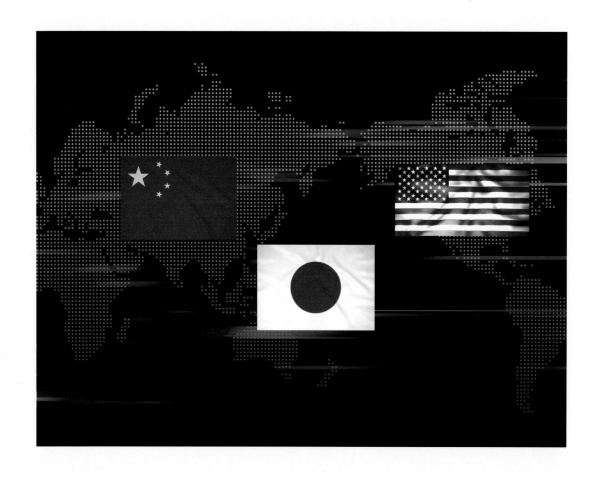

「ゼロ感染」政策を貫く中国

関志雄
野村資本市場研究所シニ
アフェロー

　ワクチン接種の普及とそれに伴う重症化率と死亡率の低下などを背景に、世界各国は経済活動の正常化を目指すべく、新型コロナウイルス対策として取ってきた各種の制限措置を緩和し、「コロナとの共存」政策への転換を模索している。それとは対照的に、中国はコロナを完全に封じ込めることを目指す「ゼロ感染」政策を堅持している。大規模検査や的を絞ったロックダウン、移動制限といった国内の対策だけでなく、入国者が指定施設で2〜3週間の隔離措置を受けることを義務付けるなど、水際対策も徹底している。

　中国政府が「ゼロ感染」政策にこだわるのは、国民の生命を最優先するという強い意思表示に加え、コロナ禍を上手く克服することを通じて自国の制度的な優位性を世界にアピールするという意図もあるだろう。中国は、今回の新型コロナウイルスの大流行を経験した最初の国であるにもかかわらず、対人口比で見た感染者数と死亡者数を、諸外国より遥かに低水準に抑えている。中国政府は、自国の成功が社会主義体制と共産党の統治能力が優れていることを示すものであり、西側諸国におけるコロナ対策の失敗がこれらの国の制度的欠陥の表れであると主張している。

　中国は、2022年2月に北京で開催される冬季オリンピック、年後半に習近平総書記の去就を含む次の5年間の指導部人事を決める中国共産党の第20回全国代表大会という2つの重要なイベントが控えている。南アフリカで初めて検出された新たな変異株「オミクロン株」への懸念が高まっていることも加わり、新型コロナウイルスの世界的大流行が収まらない限り、中国が「ゼロ感染」政策を改めて「コロナとの共存」政策に転換することはないだろう。

米中関係悪化と中国経済減退による
中国科学技術への影響

林幸秀
公益財団法人ライフサイ
エンス振興財団理事長

　現在米中関係は、米国の伝統的な対中外交政策である関与政策の後退などにより、急激に変化しています。科学技術の協力関係もその影響により揺らいでいます。科学技術の分野では米中の2強時代という人もいますが、それは論文数とか特許数とか数字で見える部分の話であり、現時点では、基礎研究力、高等教育のレベル、イノベーションのレベルなど、どれをとっても米国が一枚上です。これを補っていたのが米中間の協力でした。中国は、米国へ大量の留学生や研究者を派遣し、一流の研究者に育成された後に帰国させ、科学技術の基盤を築いてきました。また、千人計画などで帰化した中国系を含む米国人を招聘し、先端研究を強化してきました。米中関係の悪化が長期間にわたることになれば、米国からの科学技術の恩恵が減少し、中国の科学技術に大きな影響が出ると考えられるため、注視する必要があります。

　もう1つの注目点は、中国経済減退の懸念です。2021年3月に「第14次5カ年計画」が承認され、中国政府は科学技術投資を毎年7%以上増加させることとしました。しかし、足元の中国経済は大きな転換点を迎えています。一種の鎖国状態を強制する厳しい新型コロナ水際対策、恒大集団の経営悪化により表面化した不動産投資バブル崩壊の懸念、中国全土での電力危機の発生などが、今後の中国経済発展の足かせとなり、これが科学技術への投資にも暗い影を落とす可能性があります。これまでの中国の豊富な科学技術への投資が、改革開放以来の爆発的な経済成長に支えられてきたものであるとすれば、今後の中国経済がどの様になるかを注意深く見ていく必要があります。

不透明さ増すバイデン米政権の行方

園田耕司
朝日新聞ワシントン特派員

　2021年1月20日、米国のみならず世界中を混乱に陥れたトランプ政権が終わった。最大の要因は新型コロナの直撃だ。トランプ前大統領の最大の強みだった好調な米経済は逆に戦後最悪の水準へと反転したのに加え、トランプ氏の危機管理能力の欠如をさらけだした。一方、バイデン大統領は就任後、トランプ氏のもとで分極化が進んだ米国社会に対して融和と結束を訴え、国際社会に向かっては「アメリカは戻ってきた」と宣言した。ここで、米国の利益を最優先に考える「アメリカ・ファースト」も終わるはずだった。

　しかし、実際にはバイデン政権は多くのトランプ政権の外交政策を継続している。米中関係にはリベラル的価値観をもとに「民主主義対専制主義」というイデオロギー対立を加え、両国の対立はさらに激化した。バイデン政権の目標は、覇権国家たる自国に挑戦してくる中国との競争に勝利することにある。バイデン政権は常々、同盟国・友好国重視を説くが、これは同盟国・友好国のためにお人好しでやっているのではなく、中国がもたぬ同盟国・友好国というアセットをフルに活用し、米国の国益を最大化するという冷徹な戦略なのだ。

　その証拠に、バイデン政権は欧州諸国からの反発をよそにアフガニスタンからの米軍撤退を半ば強行的に推し進め、最終的に自国が後ろ盾となっていた民主政権を見捨てた。米英豪の安全保障協力の枠組み「AUKUS（オーカス）」をめぐっては、関係国のフランスに不意打ちを食らわせ、フランスを激怒させた。日本も他人事ではない。バイデン政権が欧州連合（EU）に課した鉄鋼関税の見直しを明らかにした際、日本にも同様の追加関税が課されているにもかかわらず、日本側に事前相談するという配慮はなく、日本側を困惑させた。あるワシントンの外交官は「最大の問題は、バイデン政権は『同盟が重要だ』といつも言っているくせに、全く事前通告をしないこと。バイデン政権の同盟重視政策は本物なのか、各国から不満が出ている」と明かす。米同時多発テロから始まった一連の対テロ戦争に米国社会は疲弊している。米国は他国ではなく自国の利益を最優先せよという民意は、政権が変わった今でも続いているのだ。

　これに加え、各国のワシントンの外交官たちが懸念し始めているのが、バイデン政権の足元の不安定さだ。アフガン撤退の失敗以来、支持率の下げ止まりが見られない。直近の世論調査（2021年11月初旬、USAトゥデイ／米サフォーク大）では、ついに38％にまで落ち込んだ。米国大統領の支持率は、日本の内閣支持率と比べて比較的高い水準で推移するため、バイデン氏の支持率の低さはトランプ氏と同様に異常といえる。変異株の出現などでコロナ禍の出口がなお見えないうえ、物価上昇が国民の生活を直撃して不満が高まっている。これに加え、トランプ氏らの「バイデン氏は、不正な選挙で選ばれた大統領だ」という批判が米国社会の一定層に根強く信じられていることも影響しているとみられる。2024年米大統領選をめぐっても、バイデン氏は現在79歳と高齢であり、民主党内でも「バイデン氏が2期目を目指すなんて冗談だと思う」（元クリントン政権高官）という冷めた受け止めがある。バイデン氏の後継として期待されたハリス副大統領の支持率も28％（同上）と全く振るわない。

　一方、トランプ氏は議事堂襲撃事件後も共和党支持者の圧倒的な人気を維持して党内で再び影響力を強め、次期大統領選への出馬に意欲を見せる。20年大統領選でバイデン氏が勝利したいくつかの激戦州では、トランプ氏の支持率の方が上回っているという調査結果もでている。22年11月の中間選挙で民主党が上下両院を敗北すれば、バイデン政権は任期を2年残して早くも「死に体」化してしまうリスクを抱える。現在の米国内情勢を見れば、次期大統領選を経てバイデン政権2期目が継続している保証はどこにもないのが実情だ。

中国依存脱却は急務

細川昌彦
明星大学経営学部教授／
元経済産業省貿易管理部
長

新型コロナは世界の弱点、問題点をあぶり出した。日本については中国依存の脆弱性だろう。米中対立が激化する中で、経済と安全保障が一体化し、「経済安全保障」は一丁目一番地の重要テーマだ。

新型コロナ騒動でも中国はあからさまに経済力を他国への脅しに使っている。米国に対しては医薬品の輸出規制で恫喝のメッセージを発し、豪州には大豆の輸入制限で揺さぶっている。日本もかつてのレアアースの供給制限があったように、中国依存からの脱却は急務だ。

生産面ではサプライチェーンの中国依存リスクが顕在化した。部品調達が困難になって日本国内の工場停止に追い込まれた。経済効率とリスク分散はトレードオフの関係にある。今後は中国リスクを踏まえてそのバランスの見直しが必要だ。

米中テクノ冷戦によるリスクも要注意で、その主戦場は半導体だ。米国、中国は巨額の資金を投入して半導体産業の囲い込みに躍起になっている。米国は中国による急増する半導体製造に神経をとがらせている。今後、日本企業も安全保障の視点も踏まえて対中ビジネスにどう向き合うべきかが問われている。

医薬品原料や医療資材の中国依存も問題として浮上した。国内生産、供給の多角化、備蓄など安定供給のための政策が急務だ。国民へのワクチン供給でも問題は顕在化した。国内での開発・生産の強化は喫緊の課題であり、政府の経済対策にも盛り込まれた。医療の安全保障は新たな課題だ。

政府も企業も経済安全保障の視点での政策・事業の棚卸しが必要だ。新型コロナをその契機にすべきだ。

過去の日本を見つめ直して米中問題を考えよ

田中修
日本貿易振興機構アジア
経済研究所上席主任調査
研究員

　コロナを比較的初期段階で抑え込み、経済のプラス成長を実現したこともあり、コロナをきっかけに中国は自国の政治・経済システムの優位性に一段と自信を深めている。これに反発する米国は、世界を民主主義国家群と権威主義国家群に大きく二分して対応する傾向にある。しかし、日本の立ち位置を考える場合、政治システムは戦後民主主義を採用しているものの、経済システムについては1980年代までは中国と類似したシステムを採用していたことに留意すべきである。中村隆英、野口悠紀雄、榊原英資、堺屋太一は早くから、日本が戦時中の政府による統制色の強い経済システムを戦後も継続したことを指摘していた。それは「1941年体制」とも呼ばれ、これを米国の観点から整理し直したものが、エズラ・ヴォーゲルの『ジャパン・アズ・ナンバーワン』である。このような日本を米国は「異質の経済大国」と認識したからこそ、日米構造協議（1989－90年）等を通じて、日本の経済構造を根本改造しようとしたのである。

　ただ、当時の日米関係と今の米中関係は2点で大きく相違している。第1にイデオロギーの面で、アメリカンデモクラシーと中国の特色ある社会主義は、厳しく対立している。第2に安全保障面でも、南シナ海・東シナ海・台湾海峡で米中は緊張関係にある。この意味で今の米中関係は、むしろ1941年の開戦に至るまでの日米関係に類似している。当時日本の重臣・政治家・軍部は、日米の国力差を認識し、戦争を望んでいなかったにも関わらず、米英中蘭の「ABCD包囲網」の重圧に耐えかね、開戦に踏み切った。中国に同じ選択をさせないよう、改革開放政策の継続・深化を適切に助言することが、日本の果たすべき役割である。

コロナ禍での
サステナビリティ

三日月大造　　　　　二宮正士

谷本有香　　　　　　貞森恵祐

玉木林太郎　　　　　橘川武郎

瀧俊雄　　　　　　　竹ケ原啓介

上田祐司

卒近代〜今こそ、五方よしのシガリズム‼〜

三日月大造
滋賀県知事

　人類の歴史は、感染症との戦いの歴史と言われています。そして、「ペストは近代の陣痛」という言葉があるように、パンデミック後には世界が大きく変わったとも。

　では、COVID-19は、どのような変化を我々にもたらすのでしょうか?

　私は、「卒近代」というパラダイムシフトをもたらすのではないかと考えています。中央集権や大量生産・大量消費、学校での一斉対面授業など、明治以降、築いてきたシステムは、経済的な豊かさをもたらしてきました。一方で、自由市場への過信、グローバル化の偏重、一極集中（都市化）のリスクなどが、パンデミックにより課題として顕在化するとともに、世界的には、気候変動危機が益々高まり、民主主義に対する危機感を抱く場面も増えてきました。

　こういった中、近代化の成果を受け継いだ上で、次のステージに移ることが私の考える「卒近代」です。「卒近代」社会は、「誰も犠牲にならない」、「お金やモノだけでなく価値に重きを置く（価値主義）」、「"より良き自治"を追求する」、「"よき祖先"と思ってもらえる行動をとる」社会、「新しい豊かさ」を追求する社会です。これをみんなで議論して合意点を見出し、汗を流して「共創」で実現していきたいと思います。

　この取組が、「幸せ」や「健康」につながるのではないでしょうか?

　そして、もう1つ。「売り手よし、買い手よし、世間よし」の三方に「すべての生きもの」と「未来（孫子／まごこ）」にも「よし」を加えた五方よしの思想と実践、シガリズムを提唱します。

　びわ湖を真ん中にみんなで仲良く「ひとと自然、社会・経済をつなぐ健全な循環」をつくるため、滋賀県の挑戦を始めています。

　皆さん、がんばりましょう!　共に…

「Inclusive Capitalism」という挑戦

谷本有香
Forbes JAPAN Web編
集長

　「欲深き人の心と降る雪は、積もるにつれて道を失う」。

　幕末から明治の武士・幕臣の高橋泥舟の言葉だ。

　人々の欲深き心が生み出した、歪んだ資本主義の結露のごとく発生したリーマンショックを迎えたあたりから、私たちは真剣にポスト資本主義の姿を模索してきた。

　あれから10年以上の歳月が流れ、私たちはその新しい姿を、新しいそれに代わる言葉を見出すことはできたか。

　SDGsという言葉がここまで浸透し、自然の理にかなう美しい経営やあり方が注目されているのはそのひとつの証左たるところだろう。

　誰かが勝てば、誰かが必ず負けるというゼロサムゲーム。しかも、勝者はほんの一握りの人間で、多くの者たちは知らずのうちに資本主義の中で負け組として苦難を受け入れなければならない。そんな偏った、不健全な二項対立の世界はもう終わりにしよう。

　では、来るべき世界は、時代はどんなものなのか。

　私たちForbes JAPANは「Inclusive Capitalism」というコンセプトを打ち出し、展開している。それは、これまでの強欲的で合理主義的な経済的システムへのアンチテーゼである。

経済合理性や市場システムから離れたところで生き、暮らしている者たちを包括し、共感を生み出す社会にする。人だけでない。私たちのステークホルダーはまた、地域であり、自然であり、地球でもあるはずだ。

もちろん、それらを全て包摂し、全体最適を考えることはたやすいことではないだろう。

しかし、その強き姿勢や志向性を持つことができるか。

それが、今、企業にも国民にも、更には国にも問われているのではないか。

将来世代の選択の自由を損なわないために

2021年4月末、ドイツ連邦憲法裁判所は2019年に施行されたドイツの気候変動法を一部違憲とする判決を下した。判決では同法の一部が個人の基本的権利としての「将来世代の自由権」を侵害すると判断した。パリ協定遵守のためには将来にわたるCO2排出には一定の許容量（炭素予算）があり、2019気候変動法の定める排出削減目標（1990年比で55％削減）では今の世代が炭素予算の大半を使ってしまい、将来の世代には排出の余地が限りなく少なくなる。これが将来の世代の自由な選択の権利を奪うものとされたのである。判決を受けてドイツ政府は30年の削減目標を65％、40年には88％とするなど対応を強化・具体化する法改正を急遽行った。

玉木林太郎
公益財団法人国際金融情
報センター理事長

法制が違うので「将来世代の基本的権利の侵害」というアプローチが日本で憲法論として成立するとは思えないが、我々の今日の行動が何代にもわたって将来の世代の選択を規定・限定していくことになるのは明らかだ。気候変動への対応は現在の社会・経済システムの枠内で生活への影響をなるべく小さいものにしていくべきだという「現実的」な考えは、将来世代に「非現実的」でよりドラスティックな変化を強いることになる。似たような選択の自由を巡る将来世代とのトレード・オフは、程度の差こそあれ日本の財政赤字についても当てはまる。累積した政府部門の不均衡の是正が避けられなくなった時に将来世代が直面する選択肢は極めて厳しいものになることは疑いない。新型コロナで自由を失い、これから社会・経済の再構築を目指すにあたって、能う限り長いホライズンで考え行動を変えていかないと、続く世代の災厄をいや増すばかりだと言う思いを強くする。

奇貨の先に将来世代のための議論を

瀧俊雄
株式会社マネーフォワード
CoPA

　私たちは非常事態における困難を社会変革の奇貨と捉え、普段できないことを叶える誘惑にかられる。この1年半だけでも、社会は多くの進展を見た。ほとんどの行政手続きで押印作業は不要となり、規制業種でもオンライン会議が平然と行われるようになり、社会のデジタル化を推進する省庁が設立された。このような変化に、正直に言ってカタルシスを感じてきた。

　だが、この一過性の勢いはそろそろ忘れられるべきタイミングにある。インターネットを介して人々の行動が変貌し、社会を揺るがす変異ウイルスが生まれ続け、気候変動という未知の負荷と向き合う中で、非常が常となりつつある。緊急時だから許される変化や、足元の生活を救う議論から、調整コストを払ってでも本質的に変えていくべきことにも焦点を当てていかないと、将来世代の幸せがいよいよ犠牲になるのではないだろうか。

　私たちは今一度、激しく少子高齢化が進む社会のサステナビリティと向き合う必要がある。積極財政を唱えつつも通貨の信任を保ち、再分配を強めても株価を維持し、インフラや産業競争力を守りつつも脱炭素を実現する、といった条件が実現できなかった時に、責任を負うのは将来の国民である。長期的な視野を持ち、現実に根差す意思決定が今までになく求められている。

　だからこそ、デジタル化は重要である。世代を超えた税負担に納得を覚えられ、社会の仕組みに納得を得られ、余計な心配をせずに仕事に打ち込める社会のためには、効率的で透明性の高い制度が不可欠であり、国民と政府のデジタルなつながりによってこれを確保していくべきだ。そのための様々な原則を整備した上で、耳に痛い議論を皆でしていく必要がある。

コロナの副産物、
自然なライフスタイルを活かしていく

上田祐司
株式会社ガイアックス代
表執行役社長／一般社団
法人シェアリングエコノミ
ー協会代表理事

　コロナによって、大きく私達の生活は変化を遂げた。

　感染を防ぐために、多くの経済活動に制約がかかり、その結果、いくつかのセクターで
過去にないほどの経済的なダメージが発生している。

　ただ、その一方で、

・多くの方が、通勤をしない。満員電車に乗らない。

・リモートワークの働き方になり、地方に住むようになる。

・居住スペースを増やし、広々としたところで生活をする。

・田舎に居住し、農業や自然を楽しむ。

・家族と生活をする時間が増える。

・仕事場であるオンライン会議にも子供が登場しても、受け止められる。

・外食は減り、自宅で、手料理の味噌汁や焼き魚を食べる。

・服やかばんなどの華美なものや無駄な買い物をしない。

・全体として環境に優しい生活を送る。

　というようなことが実現している。

　多くのセクターがこのようなライフスタイルを作り出そうと挑戦をしていたが、個人における所有欲や妬みの気持
ち、また、経済における財務上の利益第一主義や人の欲望を最大化させるようなマーケティングがある中で、全く実
現出来ていなかった事柄だと言えよう。

　これらは、まさにコロナの副産物であり、過度に行き過ぎていた資本主義社会に踊らされていた私達が、真の意味
で、幸せを享受していることにほかならない。

　コロナが収束しつつあるが、これらのせっかく作り出された「人として非常に重要で根源的に見て正しい変化」を
大切にするべきであり、また前のような社会に戻すべきではない。

　地域で、車を貸しあったり、子どもを預かりあったり、ご飯をおすそ分けしてもらったり、という、こういったコ
ミュニティ型のシェアの社会を大切にするよう、皆がこのことを深く認識するべきであろう。

新しい食料セーフティーネット

コロナ危機でフードシステムがどうなるか、日本の人々の関心は高かった。幸い、国内の農業生産はおおむね堅調で流通も確保された。日本のカロリーベース自給率は37%と非常に低いが、食料輸入額の減少は6%程度（2020年4月分前年比）で、国内備蓄もあることから供給に顕著な影響は無かった。一方、消費で目立つのは、普段から子供食堂を利用しているような弱者に加え、コロナ危機による失職や休職で経済的に困窮し、食という人権の基盤を十分に担保できない人々が、日本でも少なくないことである。

二宮正士
東京大学大学院農学生命
科学研究科特任教授／東
京大学名誉教授

世界の状況は、途上国を中心にさらに危機的で、バッタなど自然災害に加え、自国対応で精いっぱいで海外援助が滞るなど状況は非常に悪い。格差が大きく拡大する中、片や飽食し片や飢餓があるという矛盾は国内外を問わず存在するが、今回の危機で極めて鮮明になった。あらためて、日本のそして世界の人々のための新しい食のセーフティーネット機能を、フードシステムに持たせる必要性を痛感する。

現在、世界で生産される食料の3分の1が廃棄されている（FAO、2011）が、その一部だけでも食のセキュリティーに効率的に活用できないか。そのためには、フードシステムを多面的に常時モニタリングし、食品廃棄を最小限にして食のセキュリティーのために再配分できるシステムをAIの力などを借りながら構築しなくてはならない。

日本は、世界を魅了する食に恵まれ、日々それを享受できる幸運にある。しかし、一方で非常に低い自給率、生産者の高齢化、気候変動による不確実性など心配事はつきない。人口増や途上国の経済発展に起因する食糧不足も予想されている。食は人権とSDGsの基盤であり、われわれの食セキュリティーについて「人ごとのようにぼーっと生きている」わけにはいかない。

COVID-19からの回復をエネルギー転換の機会に

貞森恵祐
国際エネルギー機関エネル
ギー市場・安全保障局長

　COVID-19により、2020年のエネルギー消費と二酸化炭素排出は大きく減少した。パリでも2020年春のロックダウンのときには、空気がきれいになったと実感できるほどであった。2020年は、日本を含む多くの国がネットゼロ排出を公約するなど気候変動対策でも大きな前進があった年でもあった。その勢いは2021年11月のCOP26へとつながり、もしこれまでに約束された措置が全て実施された場合には気温上昇を1.8度に抑えることができると国際エネルギー機関は推計している。

　COVID-19からの経済回復を再生可能エネルギーや省エネなどへの投資を中心に実現し、持続可能なエネルギーシステムの構築につなげようと多くの政府は努力しているところである。他方で、足元のエネルギー市場の実態を見ると、2021年には石油、天然ガスの消費は力強く回復し、石炭すら大幅に増加しており、ガスや石炭の価格は史上最高水準を記録した。このまま再び化石燃料使用と二酸化炭素排出は増加を続けていくことになるのか、2022年以降減少に転じることができるのか、技術の発展が大きなカギを握っている。

　2021年は太陽光や風力発電が史上最大の増加を実現した年でもあった。水素などの新しいエネルギー技術も勢いを増している。原子力を前向きに見直す国も増えている。加えて、COVID-19が与えてくれた「気づき」も重要だと思う。テレワーキングやオンライン会議などIT技術によるエネルギー消費節減の可能性を全面的に活かしていくべきである。新技術の開発、新たなライフスタイル実現のためのイノベーションで日本が世界をリードすることを期待する。

グリーンリカバリーに不可欠なカーボンフリー火力

橘川武郎
国際大学副学長・大学院
国際経営学研究科教授

「グリーンリカバリー」とは、COVID-19がもたらした経済危機からの回復を環境重視の投資の活性化によって実現しようとする考え方である。この考え方はもちろん正しいが、進め方を誤ると失敗する。

誤った進め方の典型は、「再生可能エネルギー最優先」を掲げて、他のエネルギー源の役割を否定するやり方だ。カーボンニュートラルの実現のためには、太陽光や風力を中心とする再生可能エネルギーが主役となることは、間違いない。ただし、これらは「お天道様任せ」「風任せ」の変動電源であり、なんらかのバックアップの仕組みが必要となる。バックアップ役にまず期待されるのは蓄電池であるが、蓄電池はまだコストが高いし、原料調達面で中国に大きく依存するという問題点もある。したがってバックアップ役として火力発電が登場することになるが、二酸化炭素を排出する従来型の火力発電ではカーボンニュートラルに逆行するため、燃料にアンモニアや水素を用いて二酸化炭素を排出しない「カーボンフリー火力」が必要になる。つまり、カーボンニュートラルを実現するためには、再生可能エネルギーとカーボンフリー火力ががっちりタッグを組むことが必要不可欠なのである。

今後のグリーンリカバリーの展開にとって主戦場となるのは、二酸化炭素を多く排出する非OECD諸国である。これらの諸国では石炭火力への依存度も高い。日本が主唱するカーボンフリー火力は、非OECD諸国のカーボンニュートラル化に大きく貢献する。この手法は、火力発電そのものを否定的に捉える欧州の発想からは生まれようがない。グリーンリカバリー成功のカギは、再生可能エネルギーとカーボンフリー火力とを同時並行的に推進することにある。

サステナブルファイナンスを味方につけよ

竹ケ原啓介
株式会社日本政策投資銀
行設備投資研究所エグゼ
クティブフェロー／副所長
兼金融経済研究センター長

　ウィズ・ポストCOVID-19の課題として、改めて気候変動対策が注目されている。1年遅れで開催されたCOP26（グラスゴー）において、1.5℃シナリオ、すなわち2050年カーボンニュートラルが正式に国際目標となった。実現に向けた産業構造の大転換に必要な莫大な資金を如何に調達するかは、COVID-19以前から大きな関心事だった。今般、これにコロナ禍からのリカバリーという要素が加わり、「サステナブルファイナンス」を巡る競争は一段と激しさを増している。主戦場は2020年で35兆米ドルと推計されるESG投資。EUタクソノミーに象徴される、ESG投資を自らの経済圏に呼び込む政策論争もかまびすしい。

　この問題は日本経済の将来を展望するうえでも極めて重要である。2050年カーボンニュートラルという遠大な目標に向けて、将来実装される様々なイノベーションを取り込みながら成長を続ける将来像を産業界が描けるか。これを金融界が正しく評価して支援できるか、が問われる。喫緊の課題は、30年後を見据えつつ、今手が届く対策を着実に実施し、来るべくイノベーションに備える「トランジション戦略」にある。向こう10年程度は、地道な対策が続き、大幅なGHG削減という効果は見えにくいかもしれない。しかし、ここを乗り越えることで、次の展開につながる。エネルギー多消費産業を中心に取り組まれる努力の価値を、長期の時間軸に位置づけて正しく理解し、これを支える目利き力が金融サイドに求められている。ESG投資の主流化が進み、多くの金融機関がその実践を謳う現在、トランジション段階を支え、産業界が世界的なサステナブルファイナンス獲得競争に後れを取らぬようサポートできるか、真の実力が問われる局面といえるだろう。

初出
NIRA総研
「日本と世界の課題2022
ウィズ・ポストCOVID-19の地平を拓く」
2022年1月11日公表
https://www.nira.or.jp/paper/my-vision/2022/covid-19-2.html

NIRA総研とは

NIRA総合研究開発機構（略称：NIRA総研）は、
わが国の経済社会の活性化・発展のために
大胆かつタイムリーに政策課題の論点などを提供する
民間の独立した研究機関です。
学者や研究者、専門家のネットワークを活かして、
公正・中立な立場から公益性の高い活動を行い、
わが国の政策論議をいっそう活性化し、政策形成過程に
貢献していくことを目指しています。
研究分野としては、国内の経済社会政策、国際関係、
地域に関する課題をとりあげます。

監修　　　　谷口将紀
企画　　　　神田玲子
編集　　　　榊麻衣子
スタッフ　　北島あゆみ、福田珠里

表紙・巻頭鳥瞰図デザイン　　土屋光（Perfect Vacuum）

日本と世界の課題
ウィズ・ポストコロナの地平を拓く

2022年6月1日 発行

編集　　公益財団法人NIRA総合研究開発機構
発行　　公益財団法人NIRA総合研究開発機構
　　　　〒150-6034　東京都渋谷区恵比寿4-20-3
　　　　恵比寿ガーデンプレイスタワー34階
　　　　Tel. 03-5448-1710　Fax. 03-5448-1744
　　　　E-mail. info@nira.or.jp

［NIRA総研ホームページ］
https://www.nira.or.jp

［NIRA総研公式Facebook］
https://www.facebook.com/nira.japan

発売　　株式会社時事通信社
　　　　〒104-8178　東京都中央区銀座5-15-8
　　　　Tel.03-5565-2155　Fax.03-5565-2168
　　　　https://bookpub.jiji.com/

印刷・製本　大日本法令印刷株式会社